오늘도 마음연습

오늘도 마음연습

매일 조금씩,
나를 돌보는 감정연습

정진 지음

규장

프롤로그

지금 당신의 마음은 어떤가?

나는 어릴 적부터 마음이 늘 괴롭고 아팠다. 청소년기에 주님을 인격적으로 만난 후, 주님이 주시는 이루 말할 수 없는 기쁨과 감사가 있었지만, 동시에 주님의 밝은 빛이 내 마음을 조명했을 때, 수많은 상처와 아픔이 더 잘 느껴지고 구체적으로 보여서 정말 괴로웠다.

그래서 내 마음이란 게 내 것임에도 얼마나 다루기 어려운지, 마음먹는다고 해서 그대로 되지 않음을 수십 년의 여정을 통해 알았다. 마음의 고통과 아픔을 연구하는 데 인생을 바쳤다고 해도 과언이 아니기에, 그 과정에서 얻은 지혜와 은혜를 이제는 모두와 나누고 싶다.

어떻게 하면 좀 더 쉽게 마음을 회복하고 사랑할 수 있을지, 이 책을 읽으면서 바로 따라 할 수 있도록 만들어보았다.

오랫동안 전문 라이프코치로, 사역자로 수많은 이의 마음 이야기를 들었다. 그리고 지금은 마음 코칭을 통해 상처받고 지친 마음을 만난다. 놀라운 건, 나이도 직업도 환경도 모두 다른 사람들이 하는 말이 비슷하다는 것이다.

"나만 이런 게 아니었군요."
"내 마음을 표현해 주니 시원해요."
"혼자가 아니라는 게 참 위로가 되네요."
우리는 모두 비슷한 마음의 무게를 지고 살아가고 있다. 다만 그것을 혼자서만 감당하려고 애쓰며 외로워했을 뿐이다.

이 책은 27일 동안 당신의 마음과 함께 걷는 여행이다. 거창한 변화를 약속하지는 않겠다. 대신 매일 조금씩, 당신의 마음을 이해하고 돌보는 법을 배워가는 시간이 될 것이다. 마치 처음 만난 친구와 조심스럽게 마음을 나누듯.

혹시 '의지가 약해서 27일을 다 못할 것 같아'라고 걱정이 앞서는가? 괜찮다. 하루에 한 번, 당신의 속도대로 천천히 읽어보라. 어떤 날은 쉬어가도, 또 다른 날은 여러 번 반복해서 읽어도 된다. 중요한 건 완주가 아니라 당신 마음과의 만남이므로.

이 책을 통해 당신이 발견할 건 바로 하나님께서 주시는 지혜와 회복력이다. 다만 그동안 너무 바쁘고 지쳐 잠시 잊고 지냈을 뿐이다. 지금, 이 순간부터 당신의 마음 여행이 시작된다. 혼자가 아니다. 나와 여러 독자가 함께할 것이다.

독자 가이드

이 책은 이론서가 아닙니다.
당신의 마음연습을 위한 코칭 실천서입니다.

누구나 쉽게 읽도록 짧은 문장에 핵심을 담았고,
요약된 내용을 보며 하루에 한 주제씩 읽고
그 자리에서 즉시 적용할 수 있도록 했습니다.

이 책의 목적은 '머리'보다 '몸'을 쓰는 것이며
'지식을 쌓는 것'이 아닌
'느끼고, 써보고, 살아내는 것'입니다.
그래서 단순한 문장들 속에
당신의 감정이 머물 공간을 남겨두었습니다.
읽다가 울어도 좋고, 중간에 멈춰도 괜찮습니다.

모든 감정은 연습의 일부입니다.
당신이 지금 어디에 있든, 그 자리에서 시작하세요.
그거면 충분합니다.

1. 느리게 읽으세요

이 책은 내 마음을 느끼는 연습을 위한 책입니다.
하루에 한 장, 혹은 한 문단만이라도 천천히 읽고,
그 마음이 내 안에 머물게 두세요.

2. 정답을 찾지 마세요

'옳은 답'보다 '진짜 마음'이 더 중요합니다.
지금 느끼는 감정이 무언지, 그 이유는 무언지
솔직하게 들여다보세요. 이것이 연습의 시작입니다.

3. 적어보세요

읽는 것으로 끝내지 말고,
마음에 떠오르는 생각이나 감정을 기록하세요.
짧은 한 줄이어도 괜찮습니다.
"오늘 나는 슬픔을 두려워했다."
당신의 내면을 여는 열쇠가 될 수 있습니다.

4. 비교하지 마세요

마음의 속도는 사람마다 다릅니다.

잘 느껴지지 않거나 아무 감정이 없어도 괜찮습니다.

중요한 건 '계속 나를 바라보는 시도'입니다.

5. 하루를 시작하거나 마치기 전, 잠시 멈추세요

마음의 움직임을 짧게 돌아보세요.

'오늘 내 마음은 어디에 머물렀을까?'

이 질문 하나면 충분합니다.

이것이 오늘의 마음연습입니다.

마음연습을 시작하는 당신을 진심으로 응원합니다!

당신의 코치 정진

*이 책에 나오는 모든 이름은 가명입니다.

contents

프롤로그

독자 가이드

1 나와 친해지기
PART

Day 1_ 감정에 이름 붙이기: 마음의 언어 배우기 *14*

Day 2_ 마음 무시하지 않기: 별거 아닌 감정은 없다 *22*

Day 3_ 자기 비난 멈추기: 나의 가장 좋은 친구 되기 *29*

Day 4_ 불안과 친해지기: 나만 뒤처지는 것 같을 때 *37*

Day 5_ 슬픔과 함께 걷기: 울면 약한 걸까? *45*

Day 6_ 화에 대처하는 법: 분노 속에 숨겨진 진짜 마음 *53*

Day 7_ 부러움 인정하기: 질투한다고 나쁜 사람이 아니야 *62*

Day 8_ 자격지심 내려놓기: 하나님이 주신 자격 받아들이기 *70*

Day 9_ 남과 비교하지 않기: 나만의 속도로 걷기 *78*

Day 10_ 성공에 대한 집착 내려놓기: 빠르게보다 바르게 *87*

Day 11_ 칭찬에 의존하지 않기: 사랑받기 위해 애쓰는 나 *95*

2 올바른 관계 맺기
PART

Day 12_ 경계 세우기: 부탁을 거절해도 괜찮아(경계1) *106*

Day 13_ 의미 있는 "아니요": 거절도 사랑의 표현이다(경계2) *117*

Day 14_ 혼자 있는 나와 친해지기: 외로움과 고독의 차이 *125*

Day 15_ 게으름의 진짜 얼굴: 지친 마음 인정하기 *137*

Day 16_ 완벽주의 내려놓기: 잘하려는 마음이 나를 아프게 할 때 *148*

Day 17_ 무기력과 싸우지 않기: 아무것도 하기 싫은 날엔 *161*

Day 18_ 죄책감 다루기: 건전한 양심과 독성 죄책감 구분하기 *170*

3 깊어지는 자기 이해
PART

Day 19_ 용기 내기: 두려움을 껴안고 내딛는 한 걸음 *184*

Day 20_ 상처와 화해하기: 과거와 평화롭게 공존하기 *195*

Day 21_ 내 마음의 어린아이: 아직도 위로받고 싶은 나 *205*

Day 22_ 관계에서의 실망 다루기: 내가 너무 기대한 걸까? *214*

Day 23_ 감정 소진 회복하기: 마음의 연료 충전하기 *224*

Day 24_ 몸의 신호 듣기: 몸과 마음의 연결고리 이해하기 *233*

Day 25_ 기도가 막힐 때: 말이 안 나올 때 드리는 기도 *240*

Day 26_ 하나님 앞에서 정직해지기: 믿음의 계절 *248*

Day 27_ 하나님의 눈으로 나 자신을 사랑하는 법 *258*

part 1.

나와 친해지기

DAY 1

감정에 이름 붙이기

: 마음의 언어 배우기

마음이 말하는 것

예전에 아내가 '우울을 헤엄쳐온 남자'라는 제목으로 책을 써보라고 했다. 그렇다. 나는 과거에 내 감정을 어떻게 다뤄야 할지 몰라서 괴롭고 고통스러웠다. 더 정확히 말하면 내 마음이 무서웠다. 힘든 감정이 느껴지면 어떻게 해야 할지 몰랐다. 그래서 늘 도망치는 쪽을 택했다. 그 감정을 직면하는 게 마치 괴물을 마주하는 일 같았다.

어쩌면 많은 사람이 감정을 직면하기 어려워하는 이유도 나와 비슷할 것이다. 어린 시절에 누군가의 부정적인 감정으로 인해 아파본 경험 때문이다. 부모나 친구의 분노, 슬픔, 불안, 두려움이 나를 아프게 한 기억이 있다면, 내 안에서 같은 감정이 올라오는 순간, 견디기 어렵다. 그 감정에서 도망쳐온 세월이

길어서 다시 대면하는 건 정말 무섭다.

예전에 한 청년이 "코치님, 부정적인 감정을 굳이 느껴야 하나요? 나는 평생 이런 건 나쁘다고 배웠고, 통제하고 다스려야 한다고 생각했어요"라고 말했다.

우리는 늘 웃고 평온하며 긍정적인 사람이 되길 갈망했다. 그러나 그것은 인간을 도구로 보는 태도일 뿐, 하나님이 주신 진짜 삶은 아니다. 인간은 모든 감정을 다 잘 경험해야 하는 존재다. 기쁨, 즐거움, 희망뿐 아니라 슬픔, 분노, 불안도 필요한 감정이다. 그런 감정을 모두 온전히 느끼는 것이 하나님이 주신 진정한 행복이다.

나도 한때는 슬픔을 감춰야 하는 결함이나 약함으로 여겼다. 하지만 지금은 숨겨야 할 감정이 아니라, 내 마음이 나와 대화하는 언어였다는 걸 안다. 하나님도 그 감정을 외면하지 않으시고 그 속에서 나를 더 깊이 만나주셨다.

오래도록 속은 무너져도 겉으로는 아무렇지 않은 척하며 "주님, 감사해요"라고 말했다. 그러자 기도를 하는데도 마음이 점점 무거워지고 하나님과 거리가 멀어지는 느낌이 들었다. 부정적 감정을 억압할수록 긍정적 감정도 멀어졌다.

그러던 어느 날, 더는 참을 수 없어 울면서 "주님, 저 너무 외로워요. 서러워요. 제 삶은 왜 이렇게 아프고 힘들까요"라고 고백하자 놀라운 경험을 할 수 있었다. 하나님께 혼날 줄 알았는데, 오히려 따뜻하게 품어주심을 느꼈다.

그 이후로 하나님과 교제하고 함께하며 조금씩 그분의 마음을 알아갔다. 감정을 감추지 않고, 있는 그대로 하나님께 보여드리는 게 믿음이라는 것도 알았다. 기쁨과 즐거움은 물론이고, 슬픔과 분노, 두려움과 절망도 하나님 앞에서 솔직히 드러내는 게 진정한 믿음이라는 것을. 내가 도망치려 했던, 무섭게만 여겼던 감정 속에서 하나님이 나를 기다리고 계셨다.

감정의 뚜껑을 열다

그리스 신화에 나오는 판도라는 "절대 열지 말라"라는 제우스의 경고에도 호기심을 이기지 못하고 상자의 뚜껑을 열었다. 그러자 온갖 불행과 고통이 세상으로 쏟아져 나와 사람들이 절망했다. 하지만 마지막에 남은 건 바로 '희망'이었다.

우리의 감정도 이와 비슷하다. 감정의 상자를 열기 두려워 닫아두면 안전할 것 같지만, 그것은 사라지지 않고 마음속에 숨어 있다가 언젠가 더 크게 터져 나온다. 억눌린 분노가 폭발하고, 눌러둔 서운함은 관계를 끊어버리는 칼이 되기도 한다.

그러나 감정의 상자를 열어 끝까지 마주하면, 반드시 희망이 남는다. 그건 내 솔직한 바람과 기대다. 감정을 직면할 때 내가 무엇을 소중히 여기는 사람인지 알게 되기 때문이다. 감정에 이름을 붙이는 일은 바로 상자를 여는 것과 같다.

마음이 정리되기 시작하는 순간

"그냥 짜증 나요. 아무것도 하기 싫고, 누가 말이라도 걸면 확 화낼 것 같아요."

김 집사님은 교회 사역이 무겁게 느껴졌다. 예배 준비와 셀 모임으로 지친 하루, 동역자의 무심한 말 한마디에 얼굴이 화끈 달아오르고 속이 끓었다.

내가 물었다.

"아 짜증이 올라오는군요. 그런데 왜 그렇게 짜증이 났을까요. 혹시 서운하거나 무시당한다고 느꼈나요?"

순간, 김 집사님이 멈칫했다.

'아, 내가 화난 게 아니라 서운한 거였을 수 있구나.'

감정은 아이처럼 관심을 받고 싶어 한다. 그래서 이름을 붙여주는 순간, 안심한다. 심리학자들은 이 과정을 '감정 명명'(emotion labeling)이라고 부른다. 미국 UCLA의 매튜 리버

먼 교수의 연구에 따르면, 감정에 이름을 붙이는 것만으로도 뇌의 편도체 반응이 줄고 전전두엽이 활성화된다고 한다. "나는 서운하다"라고 말하는 순간, 뇌가 감정을 정리하며 진정되기 시작한다는 것이다.

감정에 이름을 붙일 때, 그 감정이 진짜 무엇인지 파악하는 것이 중요하다. "기분 나쁘다"라는 막연한 표현보다는 구체적인 표현을 해보자. 다채로운 색깔처럼 감정도 미묘한 차이가 있다. 분노 안에는 '억울함, 짜증, 분개, 원망, 격분' 등 다른 감정이 섞여 있다. 슬픔에도 '아쉬움, 서운함, 실망, 우울, 절망, 그리움' 등이 들어 있다. 모두 슬픔을 나타내지만 각각 다른 메시지를 담고 있다.

민호는 늘 "스트레스를 많이 받는다"라고 말했다. 하지만 질문을 통해 구체적으로 살펴보니 그 감정은 때로는 '압박감'이었고, 때로는 '좌절감'이거나 '외로움'이었다. 정확한 이름을 알게 되니 대처법도 찾을 수 있었다.

모든 감정에는 메시지가 있다. 감정은 우리 마음의 신호등 같은 역할을 한다. 분노는 "뭔가 부당하다"라거나 "경계가 침범당했다"라는, 슬픔은 "소중한 것을 잃었다"거나 "도움이 필요하다"라는 신호다. 불안은 "위험하다"라거나 "준비가 필요하다"는, 기쁨은 "이것이 좋다"거나 "계속하고 싶다"라는 신호인 것이다.

혜선은 아이가 학교에서 돌아올 때마다 불안하다고 했다. 처음에는 '괜히 걱정하는 성격'이라고 생각했는데, 그 불안의 메시지를 들여다보니 '아이를 잘 보호하고 싶다'라는 엄마의 사랑이었다. 불안 자체가 나쁜 게 아니라, 그 사랑을 어떻게 건강하게 표현할지가 중요하다.

감정에 이름을 붙이는 건 연습이 필요하다. 처음에는 어색하고 어려울 수 있지만, 계속하다 보면 능숙해진다.

먼저 하루 동안 순간순간 자신에게 물어보자.

'지금 내가 느끼는 감정은 뭘까?'

그리고 가능한 한 구체적인 이름을 찾아보자.

"좋다/나쁘다"보다는 "기쁘다/아쉽다"가 더 정확하고, "기쁘다"보다는 "뿌듯하다/설레다/감사하다"가 더 구체적이다.

감정 일기를 써보는 것도 좋다. 매일 저녁, 오늘 느꼈던 감정들을 적어보자. 처음에는 서너 개밖에 떠오르지 않을 수 있지만, 계속하다 보면 더 많이 인식하게 된다.

그리고 감정을 판단하지 말아야 한다. '이런 감정을 느끼면 안 되는데'라고 생각하지 말고, '아, 내가 이런 감정을 느끼고 있구나'라고 인정해 주자. 감정은 옳고 그름의 문제가 아니라, 내 마음이 보내는 소중한 신호이기 때문이다.

하나님과 함께하는 감정 여행

감정에 이름을 붙이는 건 하나님과 더 깊이 소통하는 방법이기도 하다. 시편에서 다윗이 얼마나 다양한 감정을 하나님께 솔직하게 표현하는가!

"기쁨으로 여호와를 섬기며 노래하면서 그의 앞에 나아갈지어다"(시 100:2), "내 영혼이 주를 찾기에 갈급하니이다"(시 42:1), "내가 환난 중에 여호와께 부르짖었더니"(시 120:1). 이런 표현을 통해 그는 감정을 하나님과 나누었다.

우리도 "주님, 오늘은 기뻐요", "지금 두려워요", "이런 상황에서는 화가 나요"라고 구체적으로 표현할 때, 하나님과의 관계가 더 진실되고 깊어진다.

감정에 이름을 붙이는 건 단순한 기술이 아니라 하나님 앞에서 나를 이해하는 첫걸음이다. 감정을 회피하지 않고 직면하여 이름 붙일 수 있다면, 우리는 이미 하나님이 주시는 희망과 평안을 향해 한 걸음을 내디딘 것이다.

오늘의 마음연습 감정에 이름 붙이기

- 오늘 가장 강하게 느낀 감정은 무엇인가?
- 그 감정을 느낀 상황은 어떠한가?
- 그 감정의 이름을 구체적으로 붙여보자.
- 그것이 내게 전하려는 메시지는 무엇일까?
- 감정에게 해주고 싶은 말은 무엇인가?

예) 화남 → 실망감 → 기대한 만큼 마음이 더 아팠구나. 괜찮아, 다음에는 기대를 조금 낮춰보자.

◆ 오늘의 기도 ◆

주님, 오늘 제 마음에서 올라오는 감정의 이름을 불러봅니다. 분노, 서운함, 외로움, 실망감… 그동안 얼버무리고 지나쳤던 감정을 마주하면 저를 더 깊이 이해할 수 있다는 것을 깨달았어요. 감정을 두려워하기보다 그것을 통해 제 마음을 만나주시는 주님의 손길을 보게 하소서. 감정을 있는 그대로 부를 때가 주님과 더 깊이 연결되는 순간임을 믿습니다.

다윗이 기쁨도 슬픔도 주님께 표현했듯, 제 모든 감정을 주님과 나누며 진실한 관계를 맺게 도와주세요. 제 감정을 있는 그대로 품어주시는 주님께 마음을 맡깁니다. 예수님의 이름으로 기도드립니다. 아멘.

DAY 2

마음 무시하지 않기

: 별거 아닌 감정은 없다

마음이 말하는 것

"아~ 별거 아니에요."

상담실에서 가장 많이 듣는 말 중 하나다. 마음을 털어놓다가도 마치 자신의 감정이 대수롭지 않다는 듯이, 누군가에게 괜한 폐를 끼치는 것처럼 여기면서 말한다.

나도 오랫동안 "남자가 이런 걸로 힘들어하면 안 되지", "다른 사람들은 더 힘든데 내가 뭐라고" 이런 말들로 내 감정을 깎아내렸다. 마치 마음에 나보다 '더 힘든 사람들'이라는 저울이 있어서, 항상 그들의 고통과 비교해야만 하는 것처럼 살았다. 그런데 하나님은 내게 이렇게 말씀하시는 것 같았다.

'나는 네 마음이 궁금하다. 네 마음이 아프다면, 그 마음을 듣고 싶다.'

어느 날 한 집사님이 "코치님, 제가 너무 예민한가요? 남편이 말 한마디 툭 던졌는데 종일 마음이 아파요. 별거 아닌 일로 힘들어하는 제가 한심해요"라고 했다.

내가 물었다.

"그런데 정말 별거 아닌 일이었나요? 집사님의 마음이 아프기까지 했을 때는 이유가 있을 텐데요."

우리는 언제부터 마음을 무시하게 됐을까. 언제부터 내 감정보다 다른 사람의 기준이 더 중요해졌을까.

"작은 바늘로 매일 찌르는 것과 작은 칼로 한 번 베이는 것 중 어느 게 더 아플까?"

어떤 심리학자가 던진 질문이다. 우리는 보통 칼에 베이는 것이 더 아프다고 생각하지만, 실제로는 바늘로 매일 찌르는 것도 큰 상처를 남긴다. 작은 상처들이 회복될 틈 없이 계속 쌓이기 때문이다.

전에는 자동차 사고나 가정폭력 같은 극심한 충격적 사건만이 트라우마를 남긴다고 생각했다. 하지만 연구를 보면, 일상에서 반복되는 작은 상처도 마음과 몸에 깊은 흔적을 남긴다고 한다. 어릴 때부터 지속된 정서적 무관심, 부모의 잦은 다툼을 지켜보며 자란 경험, 일상적인 무시나 상처 주는 말이 쌓여서 성인이 된 우리의 관계 맺기나 자존감에 영향을 미친다.

우리가 별거 아니라고 무시하는 감정도 마찬가지다. 직장동료의 무심한 말 한마디, 가족의 차가운 반응, 친구의 잦은 약속 취소 등 하나하나는 작아 보이지만 쌓이면 마음에 큰 상처가 된다. 그런데 우리는 이런 감정을 계속 무시한다.

민서는 직장에서 회식 때마다 소외감을 느꼈다. 동료가 자기만 빼고 이야기를 나누거나, 자기 의견에 별로 관심 없어 하는 것 같았다. 하지만 매번 '별거 아니야, 내가 예민한 거야'라고 넘겼다. 6개월 후, 민서는 회사에 가는 것 자체가 두려워졌다. 우울감이 심해졌고, 대인기피까지 생겼다. 작은 상처를 무시한 결과였다.

감정의 신호등, 마음이 보내는 경고

자동차에는 경고등이 있다. 엔진에 문제가 생기면 빨간 불이 켜지고, 연료가 부족하면 주황 불이 켜진다. 운전자가 이런 경고등을 무시하면 결국 큰 사고로 이어질 수 있다.

감정도 마음의 경고등이다. **불안은 '지금 뭔가 위험하다', 슬픔은 '소중한 것을 잃었다', 분노는 '내 경계가 침범당했다'라는 신호다. 외로움은 '관계가 필요하다', 죄책감은 '뭔가 잘못되었다'**

라는 신호다.

이것들을 '별거 아니다'라고 무시하면, 마음은 점점 더 큰 소리로 경고하기 시작한다. 작은 불안이 공황장애로, 작은 슬픔이 우울증으로, 작은 분노가 감정 폭발로 변하고 만다.

그러면 내 마음을 어떻게 존중할 수 있을까. 먼저 섣불리 내 감정에 판사가 되지 말라. '이런 걸로 화내면 안 돼. 별거 아닌데 왜 이렇게 예민해' 같은 판단을 내리기 전에 먼저 들어줘라. 감정은 옳고 그름의 문제가 아니다.

'별거 아니다' 대신 '무엇 때문일까? 어떤 이유가 있을까?'라고 물어보라. 사소해 보이는 감정 뒤에도 중요한 메시지가 숨어 있다. 감정을 친구처럼 대하는 것도 중요하다. '아, 지금 내가 서운하구나. 왜 그럴까? 뭘 원하는 걸까?' 이렇게 감정과 대화해보라. 감정은 적이 아니라 나를 도와주는 친구다.

정수는 아내가 청소를 안 해놓으면 짜증이 났다. 처음에는 '이런 걸로 화내는 내가 속이 좁은 것 같다'라고 생각했는데, 그 감정의 메시지를 들어보니 '집이 정돈되어 있을 때 마음이 편안하다'라는 자신의 욕구를 발견했다. 그 후, 아내에게 미루기보다 자신이 정리에 앞장서기로 결심하고, 함께 타협점을 찾았다.

우리는 때로 '이런 작은 일로'라고 하지만, 사실 작은 감정이야말로 우리의 진짜 모습을 보여주는 거울이다. 큰일 앞에서는 누구나 비슷하게 반응하지만, 작은 일에 대한 반응은 그의 진짜 성격과 가치관을 드러내기 때문이다.

커피를 쏟았을 때의 짜증, 지하철에서 부딪쳤을 때의 당황, 친구가 연락을 안 할 때의 서운함 같은 작은 감정 속에는 우리가 무엇을 중요하게 여기고, 무엇이 필요하며, 무엇을 두려워하는지 담겨 있다.

현주는 남편이 간단한 설거지도 안 해놓으면 속상했다. '설거지 정도는 별거 아니지'라고 생각하며 참았는데, 알고 보니 설거지보다 더 중요한 게 있었다. '남편이 나를 배려하면 좋겠다'라는 간절한 마음이었다. 부부 사이에서 매우 중요한 욕구였던 것이다.

하나님의 시선

참새 두 마리가 한 앗사리온에 팔리지 않느냐 그러나 너희 아버지께서 허락하지 아니하시면 그 하나도 땅에 떨어지지 아니하리라

마 10:29

하물며 하나님의 형상으로 지음받은 우리의 마음은 얼마나 소중할까! 우리가 무시하는 감정 하나하나를 하나님은 다 보고 계신다. 당신이 작다고 여기는 상처도 그분께는 작지 않다. 시편 기자는 "나의 유리함을 주께서 계수하셨사오니 나의 눈물을 주의 병에 담으소서"(시 56:8)라고 고백한다. 하나님께서 우리의 눈물 한 방울까지도 소중한 그릇에 담아두시는데, 정작 우리는 '별거 아니다'라며 쓱 닦고 만다.

하나님이 우리에게 감정을 주신 이유는 자신을 보호하고, 타인과 관계 맺으며, 성장하게 하기 위함이다. '별거 아닌 감정'은 없다. 작은 감정이라도 당신의 마음에서 나온 거라면 매우 소중하고 의미가 있다.

하나님이 소중히 여기시는 당신의 감정을 당신 자신도 소중히 여기길 바란다. '이런 걸로 힘들어하면 안 되는데'라고 자책하지 말고, '내 마음이 이렇게 반응하는 데는 이유가 있을 거야'라는 호기심을 가져보자.

당신의 감정은 하나님이 주신 선물이다. 그 감정을 소중히 여기고, 그 안에서 하나님의 음성을 들어보자. 때로는 작은 감정 속에서 큰 깨달음을 얻을 수 있다.

오늘의 마음연습 '별거 아니다'라고 넘긴 감정이 있는가?

- 오늘 내가 무시했던 감정은 무엇인가?
- 왜 '별거 아니다'라고 생각했나?
- 만약 친한 친구가 같은 상황에서 같은 감정을 느꼈다면, 나는 그에게 뭐라고 말해줄까?
- 그 감정이 내게 전하려는 메시지는 무엇일까?
- 예) 짜증 남 → 별거 아니야 → 만약 친구가 이런 상황이라면 "충분히 짜증 날 만해"라고 말해줄 거야 → '아, 내가 존중받고 싶어 하는구나'

◆ 오늘의 기도 ◆

주님, 제가 무시했던 감정들을 생각해 봅니다. 작은 서운함, 사소한 실망감, 별거 아닌 것 같았던 외로움까지. 사실은 제 마음이 주님께 보내는 신호였다는 걸 깨달았어요. 참새 한 마리도 소중히 여기시는 주님께서 제 작은 감정 하나까지도 다 보고 계심을 믿습니다.

오늘부터는 제 마음을 무시하지 않고, 주님이 주신 소중한 감정들과 대화하며 그 속에서 주님의 음성을 들을 수 있게 도와주세요. 감정을 통해 저 자신을 더 깊이 이해하고, 주님과 더 가까워지게 하소서. 예수님의 이름으로 기도드립니다. 아멘.

DAY 3

자기 비난 멈추기

: 나의 가장 좋은 친구 되기

마음이 말하는 것

'나는 정말 못난 사람이야.'

'왜 이것도 못하지?'

'다른 사람은 잘하는데, 나만 이래!'

하루에 몇 번이나 자신에게 이렇게 말하는가? 내 마음에 사는 가장 독한 비평가가 바로 나 자신이었다. 다른 사람이 나를 비난하는 것보다 내가 나를 미워하는 강도가 훨씬 더 셌다.

코칭을 하다 보면 정말 안타까운 장면을 자주 목격한다. 실수했을 때, 가장 가혹한 말을 하는 사람이 바로 자신인 경우가 많다. 다른 사람에게는 절대 하지 않으면서 자신에게는 서슴없이 퍼붓는다.

어느 날, 한 성도가 내게 말했다.

"코치님, 저는 제가 너무 미워요. 매일 거울을 보면서 '너는 참 못생겼다. 아이고, 거기다 능력도 없다'라고 말해요. 그런데 이상한 건, 남편이 제게 똑같이 말하면 너무 화나고 상처가 돼요. 왜 그럴까요?"

우리는 자신을 미워하는 걸 겸손, 혹은 발전의 동력이라고 착각한다. 하지만 그것은 '자기 파괴'일 뿐이다.

나를 향한 비난의 소리를 자세히 들어보면, 순전히 내 목소리가 아닌 경우가 많다. 때로는 어린 시절에 들은 누군가의 목소리가 내 안에서 계속 울려 퍼진다.

"너는 왜 이것도 못하니?"

"다른 애들은 다 하는데 너는 왜 못하니."

"너 때문에 내가 정말 못 살겠다."

이런 말을 반복해서 들은 사람은 성인이 되어 자신에게 똑같이 말한다. 마치 자신의 진짜 목소리인 것처럼 착각하면서.

준호는 완벽주의 성향의 아버지 밑에서 자랐다. 열심히 공부해서 95점을 받아도 "왜 100점을 맞지 못했니! 정말 실망이다. 제대로 노력해서 100점을 맞아야지"라는 말을 반복해서 들었다. 그는 성인이 된 지금도 실수를 할 때마다 '왜 이것도 제대로 못 해'라며 자신을 질책한다. 그것이 과거 아버지의 목소리인 것도 모른 채.

내 안에서 들리는 비난의 목소리가 정말 내 목소리인지, 아니면 다른 사람의 목소리인지 구분해야 한다.

> 그러므로 이제 그리스도 예수 안에 있는 자에게는 결코 정죄함이 없나니 롬 8:1

하나님도 우리를 정죄하지 않으시는데, 우리가 자신을 정죄한다. 하나님은 '너는 내 사랑하는 자녀다', '실수해도 괜찮다, 다시 일어나면 된다', '나는 네 있는 모습 그대로를 사랑한다', '네게는 내가 준 놀라운 가능성이 있다'라고 말씀하신다.

반면 정죄의 소리는 '너는 쓸모없는 사람이다', '이런 걸로는 사랑받을 수 없다', '다른 사람과 비교해 봐, 너는 부족해', '너는 절대 변하지 않을 거야'라고 속삭인다.

요한복음 8장에 간음하다 현장에서 잡힌 여인을 사람들은 정죄했지만, 예수님은 "나도 너를 정죄하지 아니하노니 가서 다시는 죄를 범하지 말라"(요 8:11)라고 하셨다. 주님은 정죄가 아닌 회복을, 절망이 아닌 희망을 주셨다.

많은 사람이 자기 비난을 성장과 발전의 동력으로 착각한다. '내가 나를 더 혹독하게 다루면 더 열심히 할 거야'라고 착각한다. 심리학 연구에 따르면 자기 비난이 단기적으로는 성과를 낼지 모르겠지만, 장기적 성과는 떨어뜨린다고 한다.

미국의 심리학자이자 저술가인 크리스틴 네프(Kristin Neff)의 《러브 유어셀프》에 따르면, 자기 비난은 자기효능감을 약화하며, 자신을 믿는 태도는 장기적 성취에 큰 영향을 미친다고 한다. 그녀는 200여 명의 고등학교 레슬링 선수를 한 시즌 동안 추적한 연구에서 이전의 성공 여부와 상관없이 자기효능감이 높은 선수들은 더 많은 경기에서 이겼고, 반대로 자신을 의심하는 선수들은 성과가 낮았다고 소개한다.

자기 비난은 채찍이 아니라 '족쇄'다. 진정한 성장은 자기 연민과 건설적인 피드백에서 나온다. 자기 비난에 빠진 사람은 실패할까 두려워 새로운 도전을 피한다. 창의성도 떨어지고, 비판이 무서워 위축되고, 우울과 불안이 늘어나며, 타인과의 관계도 나빠진다. 자신을 미워하는 사람이 어떻게 타인을 온전히 사랑할 수 있겠는가!

예수님도 "네 이웃을 네 자신같이 사랑하라"(마 22:39)라고 하셨다. 이웃 사랑의 출발은 나를 바르게 사랑하는 데 있다. 자신을 귀히 여기고 받아들일 때, 그 사랑이 흘러나와 타인에게도 진심으로 전해진다. 자신에게 친절한 사람은 실수를 학습의 기회로 본다. 더 많이 도전하고, 회복력도 뛰어나며, 타인을 따뜻하게 대한다.

자기 긍휼의 힘

자기 비난을 멈추는 가장 좋은 방법은, 자기 긍휼의 힘을 기르는 것이다. '자기 긍휼'은 가장 친한 친구에게 하듯 자신을 친절하고 따뜻하게 대하는 것이다. 당신이 실수했을 때, 스스로에게 하는 말을 적어보라. 만약 당신의 가장 친한 친구가 똑같은 실수를 했다면, 그에게 뭐라고 말할지도 적어보라.

내게는 '바보야! 왜 이런 실수를 했어? 넌 정말 한심해!'라고 하면서, 친구에게는 "괜찮아, 누구나 실수할 수 있어. 다음에 조심하면 되지"라고 말하지 않는가. 친구에게는 따뜻하고 친절한데, 자신에게는 왜 그렇게 냉정하고 가혹한가!

혜진은 나와 코칭 연습을 하며 작은 변화를 경험했다. 직장에서 프레젠테이션을 망쳤을 때, 예전 같으면 '이런 것도 제대로 못 하다니…. 나는 정말 바보야'라고 자책했을 텐데, 이번에는 '친한 언니라면 뭐라고 할까?'를 생각했다고 한다. 그러니까 '혜진아, 긴장해서 그런 거야. 누구나 그럴 수 있어. 다음에는 더 잘할 수 있을 거야'라는 말이 떠올랐고, 그 말을 자신에게 해주니 마음이 한결 편해졌다고 말했다.

자기 비난을 멈추고 새로운 내면의 목소리를 만드는 연습이 필요하다. 먼저 알아차려야 한다.

'아, 지금 내가 나를 비난하고 있구나.'

그다음에는 멈춰야 한다.

'잠깐, 이건 누구 목소리지?'

의식적으로 정지시키고 바꾸는 것이다.

'가장 친한 친구라면 뭐라고 말해줄까?'

마지막으로 그 친절한 말을 자신에게 해주자.

예를 들어, 예전에는 '또 실수했어, 난 정말 바보야'라고 했다면, 새로운 목소리는 '실수했구나. 괜찮아, 이걸로 배우면 되잖아. 다음엔 더 잘할 수 있을 거야'라고 하는 것이다.

처음에는 어색하고 억지스러울 수 있다. 마치 외국어를 배우는 것처럼. 하지만 계속 연습하다 보면 점점 자연스러워진다. 그리고 놀랍게도 자신에게 친절하게 말할 때, 실제로 일의 성과도 더 좋아진다.

하나님이 보시는 당신

하나님이 사랑하시는 당신을 스스로 미워해서는 안 된다. 그건 그분이 원하시는 마음이 아니다. 하나님이 보시기에 "심히 좋았더라"라고 말씀하신 당신을, "못났다", "한심하다"라고 할 권리가 당신에게는 없다. 올바른 믿음이 아니다. 더 나아가 하나님의 마음을 아프게 하는 행동이다.

창세기 1장에 보면, 하나님이 사람을 만드시고 "보시기에 심히 좋았더라"(창 1:31)라고 하셨다. 이는 단순히 외모나 능력을 말하는 게 아니라, 존재 자체가 귀하다는 뜻이다. 당신이 무엇을 하든, 얼마나 성취하든, 어떤 실수를 하든, 당신의 존재 가치는 변하지 않는다.

오늘부터 자기 비난을 멈추고 자기 긍휼을 시작해 보자. 당신의 마음속에 사는 가장 독한 비평가를 내보내고, 가장 따뜻한 친구를 들여놓아라. 그것이 바로 하나님이 당신을 보시는 시선이다. 하나님의 시선대로, 그분의 말씀대로 나를 바라보는 게 진정한 믿음이다.

오늘의 마음연습 오늘 내게 한 말을 돌아보자.

- 스스로에게 비난의 말을 했는가?
- 그것은 정말 내 목소리인가, 아니면 다른 사람의 목소리인가? 과거에 내게 그런 말을 한 사람이 있었는가?
- 만약 가장 친한 친구가 나와 똑같은 상황이라면, 그에게 뭐라고 말하겠는가?
- 오늘부터 내게 해주고 싶은 친절한 한마디는 무엇인가?

> **실전 연습** 자기 비난이 올라오면 '날 진심으로 아끼고 사랑하는 친한 친구라면 뭐라고 말해줄까?'라고 스스로에게 물어보자.

◆ 오늘의 기도 ◆

주님, 제가 그동안 저 자신에게 얼마나 가혹했는지 깨닫습니다. 주님이 사랑하시는 저를 미워하고, 주님이 소중히 여기시는 저를 무가치하다고 여겨왔어요. 제 마음속에서 들리는 정죄의 목소리가 주님의 음성이 아님을 알게 하소서. 주님은 저를 정죄하지 않으시고 오히려 사랑으로 품어주심을 믿습니다.

오늘부터는 저 자신을 주님의 눈으로 바라보며, 주님이 저를 대하시듯 친절하고 따뜻하게 대할 수 있게 도와주세요. 제가 제 가장 좋은 친구가 될 수 있게 하소서. 예수님의 이름으로 기도드립니다. 아멘.

불안과 친해지기
: 나만 뒤처지는 것 같을 때

마음이 말하는 것

"다른 사람들은 다 잘 사는데, 나만 뒤처지는 것 같아요."

코칭하면서 가장 많이 듣는 말 중 하나다. 20대는 취업, 30대는 결혼과 육아, 40대는 승진과 노후 준비, 50대는 건강과 자녀 독립 문제로, 상황은 다르지만 모두가 같은 말을 한다.

나도 그랬다. 열심히 하던 목회를 내려놓고 새로운 사역을 시작하며 하나님의 뜻이라고 믿고 나아갔다. 하지만 동기들은 이미 자기만의 사역을 개척해 열심히 하고 있는데, 나는 처음부터 다시 시작하는 느낌이었다. 또 SNS를 통해 잘하고 있는 사람들의 이야기를 보며 마음이 조급해졌다.

'하나님, 당신의 인도하심을 믿지만, 제가 어디로 어떻게 가야 할지 몰라 불안해요.'

오랜 기간 불안에 떨었다. 그러던 어느 날, 내가 좋아하는 한 은사님이 "불안은 적이 아니라 신호등이야. 그것이 무엇을 말하는지 들어봐야 해"라고 하셨다. 그 말이 작은 전환점이 되었다. 불안을 없애려고 애쓰는 대신, 그것이 내게 무엇을 말하려는지 들어보기 시작했다.

불안은 영어로 'anxiety'로, 이 단어의 어원은 '조이다, 압박하다'라고 한다. 불안할 때 우리가 느끼는 가슴의 답답함, 목의 조임 같은 것이다. **하지만 그 본질을 더 깊이 들여다보면, 깊은 '사랑'에서 나온다는 걸 알 수 있다. 우리가 소중하게 여기는 걸 잃을까 걱정하는 마음이 있기 때문이다.**

취업을 걱정하는 청년의 불안 뒤에는 '성공하고 싶다, 부모님을 실망하게 하고 싶지 않다'라는 마음이 있다. 육아에 불안해하는 엄마의 마음 뒤에는 '내 아이를 잘 키우고 싶다'라는 사랑이 있다. 사업을 걱정하는 사장의 불안 뒤에는 '가족과 직원들을 책임지고 싶다'라는 마음이 있다. 즉, 불안은 무언가를 깊이 사랑하고 있다는 증거다. 그래서 아무것도 사랑하지 않는 사람에게는 불안도 없다.

혜숙은 대학생 아들이 취업 준비를 할 때 밤잠을 이루지 못했다. '취업이 될까? 요즘 취업이 얼마나 어려운데' 하면서 아들보다 더 불안해했다. 처음에는 '왜 이렇게 쓸데없이 걱정하지'라고 자책하다가, 그 뿌리를 살펴보니 아들에 대한 깊은 사랑임을 알았다. 아들이 상처받지 않고, 잘됐으면 좋겠다는 마음이 불안으로 표현된 것이었다.

성경에도 이런 사람들이 많이 나온다. 하나님은 그들의 불안을 꾸짖지 않으시고 오히려 이해해 주셨다. 다윗은 시편에서 수없이 불안한 마음을 토로했다. 그는 "내 눈이 근심으로 말미암아 쇠하며"(시 6:7), "내가 근심 때문에 눈과 영혼과 몸이 쇠하였나이다"(시 31:9)라고 고백했다. 하지만 하나님은 다윗을 "내 마음에 합한 사람"이라고 부르셨다.

마르다도 예수님을 집에 모시고도 음식 준비 때문에 불안해했다. 그래서 "주여 내 동생이 나 혼자 일하게 두는 것을 생각하지 아니하시나이까"(눅 10:40)라고 걱정을 쏟아냈다. 예수님은 그런 마르다를 크게 꾸짖지 않으시고 "마르다야 마르다야 네가 많은 일로 염려하고 근심하나"(눅 10:41)라고 부드럽게 지적하며 조언하셨다.

베드로도 물 위를 걸으며 불안해했다. 처음에는 믿음으로 걸었지만 바람을 보고 무서워하며 물에 빠져들었다. 예수님은 그런 그를 버리지 않으시고 손을 내밀어 구해주셨다.

하나님은 우리의 불안을 이해하신다. 불안해하는 게 믿음이 없어서가 아니라는 걸 아신다.

불안과 싸우지 말고 대화하기

수연은 직장에서 새로운 프로젝트를 맡았다. 좋은 기회라고 생각했는데 엄청난 불안이 밀려왔다.

'내가 잘할 수 있을까? 실패하면 어떡하지? 동료들이 나를 어떻게 볼까?'

처음에는 이런 생각을 떨쳐내려고 애썼다. '긍정적으로 생각해야지, 불안해하면 안 돼'라고 자신을 다그쳤지만 불안이 더 커질 뿐이었다. 그러던 중 나와 코칭을 통해 다른 방법을 배웠다. 싸우는 대신 대화를 시작했다.

"불안아, 너는 지금 내게 뭘 말하고 싶은 거니?"

"나는 이 프로젝트가 성공했으면 좋겠어. 잘하고 싶어서 걱정하는 거야."

"아, 내가 이 일을 소중히 여기는 구나."

"맞아, 그리고 좀 더 준비하라고 알려주는 거야."

수연은 불안과 대화하면서 깨달았다. 불안이 자신을 괴롭히려는 게 아니라, 더 나은 결과를 위해 경고해 주는 친구 같은 존재라는 걸.

불안을 친구로 만드는 방법이 있다. 먼저 그것을 알아차리고 인정하는 것이다.

'아~ 지금 내가 불안해하고 있구나.'

굳이 없애려 하지 말고 "불안해도 괜찮아, 나는 지금 뭔가 소중한 걸 걱정하고 있는 거야"라고 말한 후에 불안의 메시지를 듣는 것이다.

"불안아, 지금 내게 뭘 알려주려는 거야?"

그 뒤에 숨은 진짜 마음을 찾아보면, 대부분 사랑, 책임감, 성장 욕구 같은 긍정적인 동기가 있다. 마지막으로 불안과 함께 행동하자. 완전히 없애려 하지 말고, 함께 필요한 행동을 해보자.

"불안하지만, 해보자. 걱정되지만, 한 걸음씩 가보자!"

진성은 창업을 준비하면서 매일 밤 불안에 시달렸다.

'과연 성공할 수 있을까? 실패하면 어떻게 하지?'

그러다 불안과 대화해보니 그 속에는 가족을 잘 부양하려는 책임감과 좋은 사업을 하고 싶다는 열정이 숨어 있음을 알았다. 그래서 그는 불안을 적이 아니라 '나를 더 신중하게 만드는 조언자'라고 받아들이면서 사업을 더 치밀하게 준비할 수 있었다고 말했다.

염려를 기도로 바꾸기

빌립보서 4장 6,7절은 불안에 대한 하나님의 처방전이다.

> 아무것도 염려하지 말고 다만 모든 일에 기도와 간구로, 너희 구할 것을 감사함으로 하나님께 아뢰라 그리하면 모든 지각에 뛰어난 하나님의 평강이 그리스도 예수 안에서 너희 마음과 생각을 지키시리라

여기서 "염려하지 말고"는 걱정을 없애라는 뜻이 아니다. 오히려 걱정을 기도로 바꾸라는 의미다. 성경에 걱정하지 말라는 말씀이 365번 이상 나온다는 건, 어쩌면 하나님도 우리가 날마다 걱정하며 살아간다는 걸 잘 아시기 때문일지도 모르겠다.

그래서 우리는 365일 주님을 의지해야 하는 존재다. 주님께 의지하지 않고, 그분의 음성을 듣지 않으면 마음이 평안할 수 없다.

취업이 걱정되면 "하나님, 제게 맞는 길을 열어주세요", 건강이 불안하면 "하나님, 제 몸을 지켜주시고 치료해 주세요", 관계가 어려우면 "하나님, 지혜를 주셔서 잘 풀어나가게 해주세요"라고 하나님과 나누라.

그러면 불안이 기도가 되고, 걱정이 하나님과의 대화가 된

다. 우리를 하나님께 이끄는 힘이 된다.

우리가 사는 시대는 '불안의 시대'라고 해도 과언이 아니다. 급변하는 세상, 불확실한 미래, 치열한 경쟁 같은 환경 속에서 불안하지 않다면 오히려 이상할 것이다. 그러니까 불안해하는 자신을 탓하지 말자.

중요한 건 '불안을 어떻게 다루느냐'이다. 부정하거나 피하려 하면 더 커진다. 하지만 인정하고 그 메시지를 들어보면, 불안은 우리의 조력자가 될 수 있다.

은정은 아이 교육 때문에 늘 불안했다.

'내 아이가 다른 아이들보다 뒤처지는 것 같아. 학원에 더 보내야 하나? 이렇게 키워도 되는 걸까?'

하지만 그 불안과 대화해보니 '아이가 행복했으면 좋겠다'라는 마음이었다. 그 후로 그녀는 아이의 성적보다는 마음 상태에 더 관심을 두게 되었고, 불안도 많이 줄었다고 한다.

나만 뒤처지는 것 같다고? 괜찮다. 하나님의 시간표는 우리의 조급함과 다르다. 불안해도 괜찮다. 그것은 당신이 삶을 사랑하고 있다는 아름다운 증거니까.

오늘의 마음연습 오늘 느낀 불안과 대화해 보자.

- 오늘 가장 불안했던 순간은 언제인가?
- 그것이 전하려는 메시지는 무엇일까?(나는 지금 무엇을 소중히 여기는가?)
- 만약 불안이 친구라면, 내게 어떤 조언을 해주는 걸까?
- 이 불안을 하나님께 어떤 기도로 바꿔 드릴 수 있을까?

실전 연습 불안이 올라올 때마다 "불안아, 고마워. 네가 내게 뭘 알려주려는지 들어볼게"라고 말해보자.

◆ 오늘의 기도 ◆

주님, 불안을 나쁜 거라고만 생각하며 없애려 애썼는데, 이것이 제가 무언가를 사랑하고 있다는 증거임을 깨닫습니다. 뒤처지는 것 같아 초조하고, 잘하지 못할까 걱정하는 마음을 주님께서 이해해 주심을 믿습니다. 다윗도, 마르다도, 베드로도 불안해했지만 주님이 그들을 사랑하신 것을 기억합니다.

제 불안을 주님께 맡겨드려요. 불안은 오히려 주님께로 이끄는 힘이라고 생각하고, 늘 주님을 의지하겠습니다. 불안과 싸우지 않고 불안과 함께 주님 안에서 한 걸음씩 걸어갈 수 있게 도와주세요. 예수님의 이름으로 기도드립니다. 아멘.

DAY 5
슬픔과 함께 걷기
: 울면 약한 걸까?

마음이 말하는 것

"코치님은 울지 않으시지요?"

한 성도가 강의 후 내게 물었다. 그녀는 남편을 떠나보낸 지 2년이 지났는데도 여전히 눈물이 나온다며 자신이 약한 사람 같다고 말했다.

"다른 사람들은 다 잘 견디는 것 같은데, 저만 이렇게 계속 울어요. 기쁘고 감사하면서도 한편으로 슬퍼요. 제 믿음이 부족한 걸까요?"

순간, 나에 대해 생각해 봤다. 과연 나는 울지 않는 사람이었을까? 아니다. 나는 혼자 있을 때 많이 울었다(지금은 슬픔을 가진 사람들과 함께 운다). 사역의 어려움 앞에서, 관계에 갈등이 있고 깊은 외로움을 느낄 때. 하지만 그런 내 모습을 사람들에게 보여주지 않으려 했다.

특히 남자들에게는 '울면 안 된다'라는 사회적 압박이 있다. 그래서 울고 싶을 때도 참고, 슬플 때도 웃으려 했다.

나는 그 성도에게 말했다.

"성도님의 눈물은 남편을 향한 사랑의 증거예요. 그리고 그 사랑을 하나님도 아십니다."

우리 사회에는 눈물에 대해 편견이 많다. 특히 '울면 약하다', '울면 문제가 해결되지 않는다', '긍정적으로 생각해야 한다'라는 의식이 팽배하다.

하지만 과학적으로 보면, 눈물은 매우 중요한 기능을 한다. 눈물을 흘릴 때 우리 몸에서는 스트레스 호르몬인 코르티솔이 감소하고, 기분을 좋게 하는 엔도르핀이 분비된다. 또한 눈물에는 독성 물질을 배출하는 기능도 있다. 즉, 울음은 몸과 마음의 자연스러운 정화 작용인 것이다.

더 중요한 건 눈물의 감정적 의미다. 우리는 무언가를 잃었거나, 깊이 사랑하거나, 간절히 원할 때 운다. 눈물은 우리 마음의 깊은 곳에서 올라오는 진실한 표현이다.

정민은 회사에서 승진에 탈락했을 때 화장실에서 한참을 울었다. '난 왜 이렇게 약하지?'라고 자책했지만, 사실 그 눈물은 그가 얼마나 열심히 노력했고, 그 일을 얼마나 간절히 원했는지를 보여주는 증거였다.

그런데 알고 보니 예수님도 우셨다. 나사로가 죽었을 때 예수님은 사람들 앞에서 눈물을 흘리셨다(요 11:35). 전능하신 하나님의 아들이, 곧 나사로를 살리실 분이 말이다. 예수님에게 눈물은 약함의 표시가 아니라 사랑의 표현이었다. 또한 사랑하는 이와의 사별의 아픔, 사랑하는 이들의 고통에 대한 공감, 죄로 인해 상한 이 세상을 향한 탄식이었다.

구약에서도 하나님은 그분의 감정을 솔직하게 표현하셨다. 이스라엘 백성이 우상을 섬길 때 "질투하는 하나님"이라고 하셨고, 그들이 고통받을 때는 "내가 그들과 함께 고통한다"라고 말씀하셨다. 우는 걸 부끄러워할 필요가 없다. 하나님도 슬퍼하셨고, 예수님도 우셨으니까.

슬픔의 계절

슬픔에도 계절이 있다. 각각 다른 모습과 의미를 지닌다. 충격의 슬픔은 갑작스러운 상실 앞에서 온다. '이게 현실일까?' 하는 믿기지 않는 감정과 함께. 이때의 눈물은 마음을 보호하는 완충 역할을 한다.

그리움의 슬픔은 시간이 조금 지나면 온다. '보고 싶다', '다시 만나고 싶다'라는 마음이다. 이 슬픔은 사랑했던 증거다. '왜 내게 이런 일이?'라는 억울함과 분노가 슬픔과 함께 올 때가 있다. 이것도 자연스러운 감정이다. 수용의 슬픔은 현실을 받아들이면서도 여전히 마음이 아프다. 하지만 이 슬픔에는 평안함도 공존한다.

은주는 유산을 겪은 후, 이 모든 계절을 지나왔다.

"처음에는 믿기지 않았어요. 그다음엔 아기가 너무 그리웠고, 그다음엔 하나님께 화가 났어요. 지금도 여전히 아프지만 하나님을 원망하지는 않아요. 이 모든 과정이 필요했던 것 같아요."

슬픔을 다루는 가장 좋은 방법은 그 감정을 없애려 하지 말고 함께 걷는 것이다. 슬픔에게 시간을 줘라. '언제까지 슬퍼할 거야?'라고 재촉하지 말라. 슬픔에는 각자의 시간표가 있다. 급하게 털어내려 하면 오히려 더 깊이 박힌다. 슬퍼하는 이에게 슬퍼하지 말라는 건, 슬픔을 더하는 일이다.

임종 전문가이자 〈타임〉이 선정한 100대 사상가인 엘리자베스 퀴블러 로스는 "30분 동안 울어야 할 울음을 20분 만에 그치지 말라"라고 이야기했다. 제대로 느껴야 할 슬픔을 억압하거나 빨리 그만두지 말라는 조언이다.

슬픔을 건강하게 표현하는 것도 중요하다. 울고 싶을 때는 안전한 장소에서 혼자서라도 울라. 믿을 만한 사람 앞에서 우는 것이 더 좋다. 눈물은 마음의 독을 빼내는 해독제다.

슬픔에 의미를 부여해 보는 것도 도움이 된다. '이 슬픔이 내게 무엇을 가르쳐줄까?', '이 아픔을 통해 내가 더 깊어지는 건 아닐까?' 하고 말이다.

슬픔을 혼자 견디려 하지 말라. 가족, 친구, 상담자, 목회자 등 안전한 이들과 나누면 그 무게가 반으로 줄어든다. 슬픔 속에서도 감사를 찾아보자. 슬픔이 있다는 건 사랑했다는 증거다. 아프지만, 그 사랑에 감사할 수 있다.

슬픔은 다양한 언어로 우리에게 말을 건넨다. 때로는 눈물로, 한숨으로, 침묵으로. 이 모든 언어를 이해할 필요가 있다.

미영은 어머니를 떠나보낸 후 눈물이 나오지 않았다. '나는 왜 울지도 못하지? 정말 못된 딸인가!'라고 자책했는데, 알고 보니 그것도 슬픔의 한 형태였다. 충격이 너무 커서 감정이 마비된 상태였다. 몇 달 후, 갑자기 눈물이 쏟아졌을 때 자신의 슬픔을 받아들일 수 있었다고 한다.

반대로 성호는 반려견을 잃고 몇 달 동안 계속 울었다. 그는 '강아지 때문에 계속 우는 내가 나약하고 한심하게 느껴진다'

라고 생각했지만, 15년 동안 함께한 반려견은 가족이나 다름 없었다. 슬픔의 크기는 잃은 대상의 가치가 아니라, 그것을 얼마나 사랑했느냐에 달려 있다.

눈물의 기도

시편 30편 5절은 "저녁에는 울음이 깃들일지라도 아침에는 기쁨이 오리로다"라고 노래한다. 지금의 슬픔이 영원하지 않다는 약속이다.

슬플 때는 하나님께 솔직히 말씀드려보라.

"하나님, 너무 아파요", "하나님, 이해할 수 없어요", "하나님, 위로해 주세요", "하나님, 언제까지인가요?"

하나님은 우리의 슬픔을 받아주시고, 위로해 주시며, 때가 되면 기쁨으로 바꿔주신다. 그리고 함께 슬퍼할 때 진정한 위로와 기쁨이 되기도 한다. 특히 교회 공동체에서 더욱 그렇다. 슬픔이 없는 게 아니라, 슬픔과 기쁨이 함께하는 게 진정한 기쁨일 것이다.

슬픔에는 아픔뿐 아니라 치유하는 힘이 있다. 슬픔을 통해 우리는 더 깊어지고, 따뜻한 마음을 갖게 된다. 그래서 다른 사람의 아픔도 더 잘 이해할 수 있다.

수영은 아이를 잃고 몇 년간 깊은 슬픔에 빠져 있었다. 하지만 그것을 통과한 후, 같은 아픔을 겪은 다른 부모를 돕는 봉사를 시작했다. 그러면서 "제 슬픔이 헛되지 않았어요"라고 고백했다.

슬픔은 우리를 더 인간답게 만든다. 완벽하지 않아도 괜찮다는 걸, 약해도 사랑받을 수 있다는 걸 가르쳐준다. 그리고 진정한 기쁨이 뭔지도 알게 해준다.

울어도 괜찮다. 슬퍼해도 괜찮다. 그것은 약함의 증거가 아니라 사랑의 증거다. 예수님도 우셨고, 하나님도 우리의 눈물을 소중히 여기신다.

당신의 눈물은 헛되지 않다. 하나님의 병에 담겨 기억되고 있다. 저녁의 울음이 지나면 아침의 기쁨이 반드시 찾아온다. 그때까지 슬픔과 함께 걷는 것도 괜찮다.

> **오늘의 마음연습** 오늘 내가 참았던 슬픔을 돌아보자.
> - 최근 울고 싶었던 순간은 언제였는가?
> - 왜 울음을 참았는가?('약해 보일까 봐', '민폐일까 봐' 등)
> - 만약 그때의 내게 "울어도 괜찮아"라고 말해준다면, 어떤 기분일까?

- 그 슬픔이 내게 전하려는 메시지는 무엇일까?(사랑, 그리움, 소중함 등)
- 슬플 때 어떻게 하나님께 기도할 수 있을까?

> 실전 연습 슬픔이 올라올 때 "괜찮아, 나는 지금 사랑하고 있구나"라고 말해보라. 그리고 그 슬픔을 주님께 이야기해 보라.

◆ 오늘의 기도 ◆

주님, 그동안 참아왔던 슬픔을 고백합니다. 울면 약해 보이고, 믿음이 부족해 보일까 봐 눈물을 참았습니다. 예수님도 나사로의 죽음 앞에서 우셨고, 예루살렘을 보며 눈물 흘리신 것을 기억해요. 제 작은 눈물도 주님께서 소중한 병에 담아두고 계심을 믿습니다. 슬픔을 부끄러워하지 않게 하소서.

이 슬픔이 누군가를 깊이 사랑하는 증거임을 깨닫게 하소서. 지금은 저녁의 울음이 머무는 시간일지라도, 주님께서 약속하신 아침의 기쁨이 반드시 올 것을 믿습니다. 그때까지 주님과 동행할 수 있게 도와주세요. 예수님의 이름으로 기도드립니다. 아멘.

화에 대처하는 법

: 분노 속에 숨겨진 진짜 마음

마음이 말하는 것

"나는 화를 내면 안 되는 사람이에요."

한 집사님이 말했다.

"우리는 항상 온유해야 하잖아요."

그 집사님은 교회에서 늘 웃는 얼굴로 봉사했지만, 집에만 돌아오면 작은 일에도 감정이 폭발한다고 했다. 계속 억지로 웃고 밝게 보이려는 노력이 결국 분노로 이어진 것이다.

나 역시 그랬던 것 같다. '신학생이, 목회자가, 크리스천이 화를 내면 어떻게 해'라는 생각으로 분노를 억눌렀다. 그러나 억누른 분노는 사라지지 않았다. 오히려 마음 깊은 곳에서 곪아가다 때로는 가족에게, 때로는 무관한 상황에서 예상치 못하게 터져 나왔다. 감정은 억압하면 언젠가 '폭발'이라는 방식으로 자신을 드러내기 때문이다.

분노는 '2차 감정'이라고 부르기도 한다. 분노 뒤에 다른 감정이 숨어 있을 수 있다. 숨은 1차 감정에는 '나를 무시했다', '내 마음을 몰라준다'라는 상처가 있고 '버림받을까 봐', '잃을까 봐' 하는 두려움도 있다. '기대했는데 실망했다', '소중한 것을 잃었다'라는 슬픔과 '노력했는데 인정받지 못했다'라는 좌절, '나 혼자인 것 같다', '이해받지 못한다'라는 외로움도 있다.

예를 들어, 아이가 늦게 들어와서 화가 날 때, 숨은 진짜 감정은 '걱정'이다. 남편이 집안일을 돕지 않아 화가 날 때의 진짜 감정은 '외로움'과 '서운함'일 수 있다.

민지는 직장 동료가 자신의 아이디어를 가로챘을 때, 매우 화가 났다. 처음에는 '저 사람이 너무하다'라고만 생각했는데, 차분히 들여다보니 화 뒤에는 '무시당했다'라는 상처와 '내 노력을 인정받고 싶었다'라는 갈망이 숨어 있었다.

성경을 보면 분노에 대한 흥미로운 가르침이 있다.

분을 내어도 죄를 짓지 말며 해가 지도록 분을 품지 말고 엡 4:26

이 말씀은 분노 자체를 금하는 게 아니라, 그것을 어떻게 다루느냐에 관한 것이다. 예수님이 성전에서 장사하는 자들을 쫓아내신 것, 모세가 금송아지를 만든 백성들에게 화낸 것, 느헤미야가 가난한 자들을 괴롭히는 사람들에게 분노한 것은 의로운 분노이다. 이런 분노의 공통점은 정의와 사랑에서 비롯된다는 것이다.

예수님은 하나님의 집이 강도의 소굴이 되는 것을 보시고, 모세는 하나님을 배신한 백성들의 우상숭배를 보고, 느헤미야는 동족을 착취하는 불의를 보고 분노했다. 이 모든 분노는 하나님의 거룩함과 정의, 그리고 사람들에 대한 사랑에 기인한 것이었다.

반면, 죄악된 분노는 가인이 아벨을 향해 품은 시기와 분노나 요나가 니느웨 백성들의 회개에 대해 분개한 것이다. 이는 이기심과 교만에서 나온 것이다. 가인은 하나님이 자신의 제사는 받지 않고 아벨의 제사만 받으신 것에 대해 시기하며 분노했고, 요나는 자신이 미워하는 니느웨 백성이 용서받는 것을 보고 화를 냈다. 이는 하나님의 뜻보다 자기 감정과 욕망을 우선한 것이다.

의로운 분노가 불의에 대한 반응이라면, 죄악된 분노는 자신의 자존심이나 이익이 손상될 때 나타난다. 우리의 분노도 마찬가지다. 지금 화내는 이유가 무엇인지, 이 분노가 사랑에서 나온 것인지 이기심에서 나온 것인지 돌아볼 필요가 있다.

분노의 신호등 시스템

분노를 건강하게 다루려면 자신만의 '감정 신호등'을 만들어 점검하는 게 좋다.

녹색 신호는 초기 단계다. 눈썹이 찌푸려지고, 목소리 톤이 높아지며, 가슴이 답답해진다. 이때는 깊게 숨을 쉬고, '지금 화가 올라오는구나'라고 인정하는 게 좋다.

노란색 신호는 중간 단계다. 심장박동이 빨라지고, 주먹을 쥐게 되며, 말이 거칠어진다. 이때는 잠시 그 자리를 벗어나서 '지금 내 분노 뒤에 무슨 감정이 있을까?'를 생각해 보라.

빨간색 신호는 위험 단계다. 이성적 판단력을 상실하고, 후회할 말이나 행동을 하기 직전이다. 이때는 즉시 그 상황에서 물러나서 "나중에 다시 이야기하자"라고 말하는 게 최선이다.

민영은 이 방법을 배운 후, 남편과의 다툼이 크게 줄었다.

"예전에는 화가 나면 끝까지 가서 서로 상처 주는 말을 했는데, 이제는 노란불일 때 '잠깐 화장실 좀 다녀올게'라고 하며 시간을 벌어요."

분노는 뭔가 잘못되었다고, 뭔가 필요하다고 알려주는 우리 마음의 알람이다. 분노 뒤의 메시지는 '나를 존중해줘', '내 말을 들어줘', '나를 이해해 줘', '공정하게 대해줘', '나도 사랑받고 싶어' 등이다.

화가 날 때는 자신에게 질문해 보라.

'내가 지금 진짜로 원하는 것은 무엇인가?'

'상대가 어떻게 해주길 바라는가?'

'내가 소중히 여기는 가치가 무엇인가?'

예를 들어, 아이가 방 정리를 안 해서 화가 날 때, 1차 반응은 "왜 맨날 방이 이 모양이야! 정리 좀 해!"이지만, 깊이 들여다본 후에는 "엄마는 우리 집이 정돈된 상태였으면 좋겠어. 그래야 가족 모두가 편안하거든"이라고 말할 수 있다. 이렇게 진짜 메시지를 전달하면, 상대도 더 잘 이해할 수 있다.

태영은 아내가 늘 집에 늦게 오는 것 때문에 화가 났다. "당신은 시간 약속을 왜 이렇게 안 지켜!"라고 소리 지르곤 했는데, 진짜 마음을 들여다보니 '아내가 안전하게 오기를 바라는 걱정'과 '소외감'이 있었다. 그 후부터는 "여보, 늦으면 걱정돼. 연락 좀 해줄래?"라고 말했고, 부부 갈등이 많이 줄었다.

파괴가 아닌 소통

분노를 건강하게 표현하려면 'I-메시지(나-메시지)'를 사용하면 좋다. "너는 왜 맨날 그래!" 대신 내 감정과 상황, 그리고 바람을 표현하는 것이다. "나는 이런 상황에서 이렇게 느껴. 다음에 이런 상황에서는 이렇게 해주길 부탁해"라고 구체적 행동에 대해 말하는 것도 중요하다.

예를 들어 "너, 정말 나를 무시하니?" 대신에 "어제 아무 연락 없이 약속 시간에 30분이나 늦으니 내가 너무 걱정되더라. 다음에 늦을 것 같으면 전화나 문자 해줘! 그럼 걱정을 좀 덜 할 것 같아"라고 하는 것이다.

감정과 욕구를 분리해서 표현하는 것도 좋다. "나는 지금 화가 났어(감정), 나는 네가 이렇게 해주길 원해(욕구)"처럼 말이다. 타이밍도 중요하다. 감정이 극도로 격해졌을 때는 대화하지 말고, 상대방도 들을 준비가 된 시점에 대화하는 게 좋다.

때로 분노는 우리의 경계가 침범당했다는 신호이기도 하다. 다른 사람이 우리의 시간, 감정, 가치를 존중하지 않을 때 분노가 올라온다. 이것은 '나는 이런 대우를 받을 사람이 아니야'라는 건강한 자기 보호 본능이다.

지현은 직장에서 상사가 야근을 강요할 때마다 화가 났다. 처음에는 '내가 예민한 건가?'라고 생각했는데, 그 분노를 들여다보니 '나도 휴식이 필요하고 개인 시간이 필요하다'라는 당연하고 건강한 욕구였다. 그 후, 상사와 대화를 통해 업무 분담과 시간 관리에 대해 합의점을 찾았다.

사실 분노를 완전히 해결하는 궁극의 방법은 '용서'다. 용서는 "괜찮다"라고 말하는 게 아니라 '더 이상 이 분노에 내 마음을 묶어두지 않겠다'라는 결단이다.

예수님은 십자가에서 "아버지 저들을 사하여 주옵소서 자기들이 하는 것을 알지 못함이니이다"(눅 23:34)라고 하셨다. 분노와 원망에 자신의 마음을 묶어두지 않으신 것이다.

용서는 상대방을 위한 게 아니라 나를 위한 것이다. 분노에 사로잡혀 있으면, 결국 내가 괴롭다. 그렇다고 용서가 하루아침에 되는 건 아니다. 시간과 노력이 필요하다. 억지로 용서하려 하지 말고, 용서할 수 있도록 하나님께 도움을 구하자.

분노는 나쁜 감정이 아니다. 그래서 억누르거나 무작정 폭발시키는 건 옳은 방법이 아니다. 대신 그 뒤에 숨은 진짜 마음을 들여다보고, 건강하게 표현하는 법을 배워야 한다. 그리고 용서를 통해 분노에서 벗어나는 게 하나님이 원하시는 온전한 마음 상태다.

화를 낼 때도 하나님의 사랑 안에서, 그 사랑을 전하는 방식으로 표현할 수 있다면 얼마나 좋을까! 분노조차도 사랑의 표현이 될 수 있다. 중요한 것을 지키기 위한, 사랑하는 사람을 보호하기 위한, 불의에 맞서기 위한 분노는 하나님도 기뻐하실 것이다.

> **오늘의 마음연습** 오늘의 분노를 돌아보자.
> - 어떤 상황에 화가 났는가?
> - 내 몸에 나타난 분노의 신호는 무엇인가?(감정 신호등의 어느 단계였나?)
> - 그 뒤의 진짜 감정은 무엇이었을까?(당황, 두려움, 외로움, 좌절감 등)
> - 내가 진짜 원했던 건 무엇이었을까?
> - 그 상황에서 'I-메시지'로 어떻게 말할 수 있었을까?(상황+감정+바람)

> **실전 연습** 화가 날 때마다 "잠깐, 내 분노 뒤에 어떤 마음이 숨어 있을까?"라고 물어보라.

◆ 오늘의 기도 ◆

주님, 제 안의 분노를 고백합니다. 화를 내면 안 된다고 생각하며 억눌렀던 감정, 때로는 걷잡을 수 없이 폭발했던 순간을 주님 앞에 내려놓습니다. 예수님도 의로운 분노를 품으신 것을 기억합니다. 분노 자체가 죄가 아니라 분노를 어떻게 다루느냐가 중요함을 깨닫게 하소서.

제 분노 뒤에 숨은 상처, 외로움, 인정받고 싶은 마음을 보게 하시고, 건강하게 표현할 지혜를 주세요. 무엇보다 용서의 마음을 주시고, 분노에 제 마음을 묶어두지 않고 주님의 사랑 안에서 자유로워질 수 있게 도와주세요. 예수님의 이름으로 기도드립니다. 아멘.

부러움 인정하기

: 질투한다고 나쁜 사람이 아니야

마음이 말하는 것

"코치님, 전 정말 나쁜 사람인 것 같아요. 친구가 승진했다는 소식을 들었는데 축하한다는 말이 안 나와요. 너무 질투가 나서 힘들어요. 이런 마음을 가진 제가 싫어요."

우리는 부러움이나 질투를 매우 나쁜 감정으로 여긴다. 특히 신앙인은 더 그렇다. '남을 시기하면 안 되지', '축복해 줘야지'라며 부러운 감정이 올라오면 빨리 억누르려고 한다.

하지만 부러움을 느끼는 것 자체가 죄는 아니다. 중요한 것은 그것을 어떻게 다루는가이다. 그 속에 우리의 간절한 소망과 꿈이 담겨 있기 때문이다.

부러움은 마음의 나침반 같은 역할을 한다. 그것이 내가 진짜 원하는 거라는 의미이기 때문이다. 친구의 행복한 결혼생활이 부럽다면, 당신도 사랑받고 싶은 마음이 있다는 뜻이다. 동료의 성공이 부럽다면, 당신도 인정받고 성취하고 싶은 욕구가 있다는 것이다. 누군가의 여유로운 생활이 부럽다면, 당신도 평안과 안정을 원한다는 신호다. 즉, 부러움은 자신이 무엇을 원하는지 몰라서 고민하는 사람에게는 귀중한 단서가 된다.

진영은 항상 "내가 뭘 하고 싶은지 모르겠어"라고 말했다. 그런데 코칭을 통해 자신이 부러워했던 걸 나열해 보니 패턴이 보였다. 창의적인 일을 하고, 자기만의 작업실이 있으며, 예술 활동을 하는 사람을 부러워했다. 진영은 부러움을 통해 자신이 진짜로 원하는 게 창작 활동임을 알았다.

성경에도 이런 사람들의 이야기가 많이 나온다. 하나님은 그들을 정죄하지 않으셨다.

라헬은 언니 레아가 아이들을 낳는 것을 보며 남편 야곱에게 "내게 자식을 낳게 하라 그렇지 아니하면 내가 죽겠노라"(창 30:1)라고 말했다. 이는 부러움에서 나온 절망적인 외침이었지만, 하나님은 그녀의 마음을 아시고 요셉을 주셨다.

마르다의 부러움도 마찬가지다. 동생 마리아가 예수님 발치에 앉아 말씀을 듣는 걸 보며 마르다가 속상해서 "주여 내 동생이 나 혼자 일하게 두는 것을 생각하지 아니하시나이까"(눅

10:40)라고 했다. 이것도 일종의 부러움이라고 생각한다.

이들의 공통점은 부러움을 느꼈을 때, 솔직하게 표현했다는 것이다. 그리고 주님은 그 마음을 이해해 주셨다.

건전한 부러움과 파괴적 질투(시기)는 구분해야 한다. 건전한 부러움은 '나도 저렇게 되고 싶다'라는 동기부여가 되고, '어떻게 하면 나도 할 수 있을까?' 하는 학습 의지를 갖게 하며, "축하한다, 나도 열심히 해야겠다"라는 격려를 하게 한다. 상대의 성공을 인정하고 배우려는 자세를 갖는 것이다.

반면, 파괴적 질투(시기)는 '저 사람이 잘되는 게 싫다'라며 상대를 끌어내리려 하고, '불공평해, 나만 힘들다'라는 피해의식을 갖게 하며, '저 사람도 망했으면 좋겠다'라는 파괴적 바람을 품게 한다. 상대의 성공을 깎아내리거나 방해하려는 마음이다.

같은 상황에서도 어떤 관점으로 바라보느냐에 따라 건전한 부러움이 될 수도, 파괴적인 질투가 될 수도 있다.

부러움을 성장 동력으로 바꾸기

부러움을 느낄 때, 실천할 수 있는 건전한 대처법이 있다. 먼저 부끄러워하지 말고 '아, 내가 지금 부러워하고 있구나' 하고 인정하라. 부러워하는 건 자연스러운 인간의 감정이다. 그다음에는 분석해 보는 것이다. 막연히 '저 사람이 부럽다'가 아니라 구체적으로 어떤 점이 부러운지 파악해 보자. 그 사람의 성공, 인맥, 능력, 환경, 성격, 무엇이 부러울까? 또 내 상황과도 비교해 보자.

'나와 그의 상황은 얼마나 다른가?'

출발점, 환경, 조건을 현실적으로 비교해 보라. 무작정 부러워하기보다 객관적 시각을 가져보는 것이다.

배울 점도 찾아보라. 부러워만 하지 말고 구체적으로 어떤 습관, 태도, 방법을 배울 수 있는지 생각해 보라. 마지막으로 부러워하는 것을 얻기 위한 현실적인 실행 계획을 세워보자.

혜정은 SNS에서 친구들의 해외여행 사진을 볼 때마다 부러웠다. 처음에는 '나만 일하느라 바빠서 해외에 못 나가네?'라고 자책했는데, 그 부러움을 들여다보니 '새로운 경험에 대한 갈망'이었다. 여행 자체가 목표가 아니라 일상에서 벗어나 새로운 자극을 받고 싶다는 마음이었던 것이다.

그 후, 일단 국내에서 매주 새로운 동네 카페를 찾아가거나 취미를 가지면서 그 갈망을 채워나갔다. 그리고 몇 년 후, 그녀는 실제로 돈을 모아 해외여행도 떠났다.

수정은 SNS를 볼 때마다 우울해졌다. 친구들의 예쁜 사진,

맛있는 음식 사진, 해외여행 사진을 보면서 '나만 평범하게 사는 것 같다'라고 느꼈다.

그러다 코칭 과정을 지나며 깨달았다. SNS는 사람들의 하이라이트만 모아놓은 곳이라는 것을. 누구도 자신의 힘든 순간, 실패한 순간을 다 보여주진 않는다. 더 중요한 건 각자에게는 자기만의 고유한 여정이 있다는 것이다. 하나님이 각 사람에게 주신 달란트도, 때도, 계획하심도 다르다.

부러움에서 자유로워지는 마음가짐은 '그 사람은 그 사람의 여정이 있고, 나는 내 여정이 있다', '하나님이 내게 주신 계획이 분명히 있다', '나도 나만의 장점과 가능성이 있다', '지금은 그의 때이고, 내 때도 올 것이다'와 같은 것이다.

안타깝게도 부러움은 때로 진짜 내가 가진 행복에서 멀어지게 한다. 다른 사람이 가진 것만 바라보다 보면, 정작 내가 가진 것의 소중함을 놓치고 만다.

영수는 친구의 큰 집이 부러워서 열심히 돈을 모았다. 더 큰 집으로 이사한 후에는 친구의 고급 차가 부러워졌고, 그것을 사고 나니 친구의 해외 근무가 부러웠다. 끝없는 부러움의 굴레에 빠진 것이었다. 그러다 문득 깨달았다. 자신이 어릴 적부터 진정으로 원했던 건, 큰 집이나 좋은 차보다는 '가족과의 행복한 시간'이었다는 것을. 그리고 자신이 바라던 가정을 이미 갖고 있다는 것을.

부러움은 우리에게 방향을 알려주는 나침반이 되지만, 그것만 보고 걷다가 내 앞의 아름다운 풍경을 놓칠 수 있다.

부러움을 넘어서는 성숙함

궁극적으로 우리가 지향해야 할 것은 남의 성공을 진심으로 축복할 수 있는 마음이다. 쉽지 않지만, 연습할 수 있다. 축복하는 마음을 기르는 연습을 해보자. 내가 가진 것에 감사하는 시간을 갖고, 부러워하는 그를 위해 진심으로 기도해 보자. 작은 것이라도 상대의 성공을 축하하는 말을 전하고, 그의 성공담에서 배울 점을 찾아 적용해 보자.

처음에는 억지스럽더라도 계속 연습하면 점점 진심이 된다. 그리고 놀랍게도 남을 축복할 때, 내 마음도 평안해진다.

미선은 직장 동료가 승진했을 때, 처음에는 속이 상했다. 하지만 의식적으로 축하 인사를 건네고, 그에게서 배울 점을 찾아보려 노력했다. 그러다 보니 그와 더 가까워졌고, 오히려 유익한 조언과 실제적인 도움을 얻었다. 부러움이 관계를 해치는 게 아니라 더 깊게 만드는 계기가 되었다.

부러움을 느낄 때 자신을 책망하지 말라. 대신 '아, 내가 진짜 원하는 게 이거구나' 하고 깨닫는 기회로 만들라. 그리고 그것을 얻기 위한 바람직한 노력을 시작하자.

하나님은 당신의 부러움도 이해하신다. 그리고 당신에게 고유한 계획을 갖고 계신다. 남과 비교하지 말고, 하나님이 당신에게 주신 여정을 걸어가라.

오늘의 마음연습 내 부러움을 솔직히 들여다 보라.

- 최근에 내가 부러워한 사람이나 상황이 있는가?
- 구체적으로 무엇이 부러웠나?(성공? 관계? 환경? 능력?)
- 그것이 내게 알려준 건 무엇일까?(내가 진짜 원하는 건 뭔가?)
- 그에게서 배울 점은 무엇일까?
- 그를 위해 진심으로 축복 기도할 수 있는가?

실전 연습 부러움이 올라올 때 '이건 내가 무엇을 원하는지 알려주는 나침반이구나'라고 생각해 보자.

◆ 오늘의 기도 ◆

주님, 제 마음속의 부러움을 고백합니다. 다른 사람의 성공, 행복, 능력을 보며 부러워했던 마음을 주님 앞에 내려놓습니다. 그동안 이런 감정을 부끄러워하며 억누르려고만 했는데, 이것이 제가 무언가를 간절히 원한다는 신호임을 깨닫습니다. 제 부러움을 파괴적인 질투가 아닌 성장의 동력으로 바꿔주세요. 남의 성공을 끌어내리려 하지 않고 오히려 배우며 축복할 수 있는 마음을 주시길 원합니다.

제게도 주님만의 고유한 계획과 때가 있음을 믿습니다. 남과 비교하지 않고 주님이 주신 저만의 여정을 감사함으로 걸어갈 수 있게 도와주세요. 예수님의 이름으로 기도드립니다. 아멘.

DAY 8

자격지심 내려놓기
: 하나님이 주신 자격 받아들이기

마음이 말하는 것

"나는 정말 자격이 없는 것 같아요."

내가 듣는 가장 가슴 아픈 말 중 하나다. 좋은 직장에 들어가도 '내가 여기 있을 자격이 있나?' 하고, 좋은 사람을 만나도 '나 같은 사람이 이런 사랑을 받아도 되나?' 하며, 행복을 느끼면 '내가 이런 행복을 누릴 자격이 있나?'라며 자신을 의심한다. 심지어 교회에서도 "하나님이 나 같은 죄인을 정말 사랑하실까요?"라고 말한다.

나도 평생 이런 자격지심과 싸워왔다. 오래전 사역을 시작했을 때부터 코칭을 하는 지금까지도 '부족한 내가 과연 사람들을 영적으로 인도할 자격이 있을까?'라고 생각한다. 심지어 이 책을 쓰는 지금도 '내가 무슨 자격으로 사람들에게 이런 조언의

글을 쓸까?' 하는 생각이 올라오곤 한다.

자격지심은 참 교묘하다. 겸손한 척하지만, 사실은 자신을 가장 잔인하게 공격하는 방법이다. "나는 안 돼", "나는 부족해", "나는 자격이 없어"라는 말 속에는 자신에 대한 깊은 불신과 두려움이 담겨 있다.

하지만 하나님께서는 우리에게 필요한 자격을 이미 주셨다. 우리가 스스로 만들어내는 자격의 기준이 문제다.

자격지심은 보통 어린 시절에 시작된다. 완벽주의적 환경에서 "1등이 아니면 안 돼", "실수하면 안 돼"라는 말을 들으며 자란 아이들은 성인이 되어서도 완벽하지 않으면 자격이 없다고 생각한다. '공부 잘해야 사랑받는다', '착해야 인정받는다'라는 조건부 사랑과 인정을 받는 분위기에서 자란 이들은 자신이 뭔가를 성취해야만 사랑받을 자격이 있다고 믿는다.

비교가 가득한 문화 속에서 "다른 애들은 다 하는데 너만 못해"라는 말을 자주 들은 사람은 항상 남과 비교하며 '나는 부족하다'라고 느낀다. 그리고 실패에 대한 두려움이 클 때는 한 번이라도 실패하면 그것을 자기 존재 자체의 문제로 확대해석해 '나는 실패자니까 자격이 없어'라고 생각하기도 한다.

민수는 어린 시절에 아버지로부터 "너는 머리가 안 좋아! 형만큼 똑똑하지 않고"라는 말을 자주 들었다. 그 말이 30년이 지난 지금도 그의 마음에 남아 좋은 기회가 와도 '내가 할 수 있을까?' 하며 망설인다.

자격지심이 우리에게 '너는 다른 사람들보다 부족해'라고 거짓으로 속삭이지만, 사실 각자에게는 고유한 강점과 약점이 있다. 그래서 비교는 의미가 없다. '완벽해야만 자격이 있어'라고 하지만, 사실 완벽한 사람은 없다. 불완전해도 우리는 존재 자체로 충분히 가치가 있다.

자격지심은 '실패하면 모든 게 끝이야'라고 속삭이지만, 사실 실패는 배움의 과정이며 성장의 기회다. '남들이 나를 어떻게 볼까?'라고 해도 다른 사람의 시선보다 하나님의 시선이 더 중요하다. '나는 사랑받을 자격이 없어'라고 아무리 속삭여도 사랑은 자격으로 얻는 게 아니라 선물로 받는 것이다.

우리의 정체성

성경은 우리의 자격에 대해 분명하게 말씀한다.

> 영접하는 자 곧 그 이름을 믿는 자들에게는 하나님의 자녀가 되는 권세를 주셨으니 요 1:12

우리가 무언가를 해서 자녀가 된 게 아니라, 하나님이 우리를 자녀로 입양하셨다.

그러나 너희는 택하신 족속이요 왕 같은 제사장들이요 거룩한 나라요 그의 소유가 된 백성이니 벧전 2:9

하나님께서 우리를 왕족으로 부르셨다.

그런즉 누구든지 그리스도 안에 있으면 새로운 피조물이라 이전 것은 지나갔으니 보라 새것이 되었도다 고후 5:17

또한 과거의 실패나 부족함이 우리를 규정하지 않는다. 이 모든 건 우리 행위와 상관없이 하나님이 주신 선물이다. 우리가 자격을 만들어내야 하는 게 아니라 하나님이 이미 주셨다.

종종 자격지심을 겸손으로 착각하는 경우가 있는데, 둘은 완전히 다르다. 가짜 겸손인 자격지심은 "나는 아무것도 할 수 없어요"라며 자기를 비하하고, "나는 자격이 없어요"라며 기회를 회피하며, "다른 사람이 더 낫죠"라며 책임을 전가한다. 결국, 하나님이 주신 달란트를 땅에 묻어버리는 것이다.

반면, 진짜 겸손은 "나는 하나님의 도움이 필요합니다"라며 의

존성을 인정하고, "부족하지만, 하나님이 나를 사용하십니다"라고 순종하며, "실수할 수 있지만 최선을 다해야지요" 하는 용기를 보여준다. 그리고 하나님이 주신 달란트를 감사히 사용한다. 진짜 겸손은 자신을 작게 보는 게 아니라 하나님을 크게 보는 것이다.

자격지심을 극복하는 실용적 방법

자격지심을 극복하는 단계가 있다. 먼저 자격지심의 목소리를 알아차려야 한다. '아, 지금 내가 또 자격지심에 빠져 있구나' 하고 인식하는 게 중요하다. 그다음은 그 목소리의 출처를 찾아야 한다.

'이건 누구 목소리일까? 어린 시절, 누가 내게 이 말을 했지?' 그리고 사실과 감정을 구분하는 것도 중요하다. 감정은 '나는 자격이 없는 것 같아'지만, 사실은 '내게도 강점이 있고, 하나님이 나를 사용하고 계셔'이다. 하나님의 관점으로 하나님은 나를 어떻게 보실까? 그분이 내게 주신 정체성은 무엇일까?' 하고 바라보는 게 필요하다.

마지막으로 완벽하지 않아도 작은 행동부터 일단 시작해 보자. 작은 성공 경험이 쌓이면 자격지심이 줄어든다.

지혜는 자격지심 때문에 승진 기회를 여러 번 놓쳤다. 미리 포기하고 그만두기 때문이었다. 하지만 코칭을 통해 연습한 결과, 완벽하지 않아도 자기가 기여할 부분이 있음을 깨닫고, 여러 번 도전해서 마침내 원하던 팀장이 되었다.

성경 속 자격지심의 대표적인 예는 모세다. 하나님이 이스라엘 백성을 애굽에서 인도해 내라고 하셨을 때, 그의 반응은 "내가 누구이기에 바로에게 가며 이스라엘 자손을 애굽에서 인도하여 내리이까"(출 3:11), "나는 본래 말을 잘하지 못하는 자니이다"(출 4:10)였다. 그는 철저히 자격지심에 빠져 있었다.

하지만 하나님의 응답은 놀라웠다. "내가 반드시 너와 함께 있으리라"(출 3:12), "누가 사람의 입을 지었느냐… 나 여호와가 아니냐"(출 4:11)라고 하셨다. 하나님은 모세의 자격을 문제 삼지 않으셨다. 오히려 그와 함께하겠다고 하셨다. 우리는 자격이 부족하지만 하나님은 능력이 충분하시기 때문이다.

자격 있는 삶 살기

자격지심에서 벗어나 자격 있는 삶을 사는 방법이 있다. 하나님이 주신 정체성을 선포하는 것이다. 매일 아침 거울을 보며

"나는 하나님의 사랑받는 자녀다", "나는 왕 같은 제사장이다"라고 고백해 보라. 작은 것부터 시작하는 게 중요하다. 완벽한 때를 기다리지 말고, 지금 할 수 있는 일부터 시작하자.

실패를 두려워하지 말라. 실패는 내 존재의 자격을 박탈하는 게 아니라, 성장시키는 도구다. 다른 사람과 비교하지 말라. 하나님이 각자에게 주신 고유한 부르심이 있다. 감사를 표현하는 것도 도움이 된다. 이미 받은 은혜를 기억하고 감사하면 자격지심이 줄어든다.

당신은 이미 자격 있는 사람이다. 하나님이 당신을 자녀로 부르셨고, 왕의 자녀로 세우셨으며, 귀한 일에 사용하기를 원하신다. 자격지심은 하나님의 계획을 방해하는 거짓 목소리다. 거기에 귀 기울이지 말고, 하나님의 음성을 들어라.

'너는 내가 사랑하는 자녀다. 내가 너와 함께하겠다.'

오늘의 마음연습 나의 자격지심을 점검해 보자.

- 내가 자주 자격이 없다고 느끼는 영역은 무엇인가?(관계, 일, 믿음 등)
- 그런 생각이 들 때, 마음에서 들리는 건 누구 목소리인가?
- "너는 부족하다"라는 메시지는 어떻게 들었는가?

- 하나님의 관점에서 내 정체성은 무엇인가?
- 자격지심 때문에 포기하거나 피한 일이 있는가?

> **실전 연습** 자격지심이 생길 때마다 "나는 하나님의 사랑받는 자녀다. 하나님이 나와 함께하신다"라고 선포해 보자.

◆ 오늘의 기도 ◆

주님, 저 자신을 얼마나 작게 보았는지 깨닫습니다. "자격이 없다", "부족하다"라는 말로 주님이 주신 은혜와 기회를 스스로 거절해 왔습니다. 제가 자격이 있어서 하나님의 자녀가 된 게 아니라 주님의 일방적인 사랑으로 입양되었음을 기억합니다. 제 행위와 상관없이 주님이 저를 왕족으로, 제사장으로 부르셨음을 믿습니다. 모세에게 "내가 너와 함께하겠다"라고 하신 것처럼, 제게도 같은 약속을 주셨음을 믿습니다.

완벽하지 않아도, 부족해도 주님이 저를 통해 일하심을 신뢰합니다. 오늘부터 자격지심을 내려놓고, 주님이 주신 정체성으로 담대하게 살 수 있게 도와주세요. 예수님의 이름으로 기도드립니다. 아멘.

남과 비교하지 않기

: 나만의 속도로 걷기

마음이 말하는 것

"다른 사람들은 다 잘 사는데 나만 아닌 것 같아요."

이런 말을 들으면 마음이 참 아프다. 나도 오랜 시간 내 삶을 남과 비교하며 살았다.

10대 때는 생각이 깊고, 세심하고, 내성적이어서 많은 사람과 관계 맺는 게 어려웠다. 그래서 친구들과 활발히 잘 어울리는 한 친구가 너무나 부러웠고, 많은 친구와 잘 지내지 못하는 내가 참 싫었다.

비교는 마치 중독과 같다. 한번 시작하면 끝이 없고, 비교할 때마다 마음이 더 무거워진다. 누군가에게 이기면 교만해지고, 지면 절망하게 된다. 어떤 경우에도 평안함이 없다.

우리는 비교에서 벗어나 이렇게 생각해야 한다.

'하나님은 모든 사람에게 같은 시간표를 주지 않으셨다. 누구나 자기만의 계절과 속도가 있다. 남의 시계를 보지 말고 하나님의 시계를 봐야 한다.'

그렇다. 하나님의 시간표가 아닌 세상의 시간표, 남들의 기준으로 자기 인생을 평가하면 안 된다.

비교는 인간의 본능 중 하나라고 한다. 심리학적으로 인간은 비교를 통해 자기 위치를 파악하고 생존 전략을 세운다고 한다. 하지만 현대 사회의 과도한 비교 본능은 오히려 독이 되고 있다.

SNS에서는 모든 사람이 자신의 최고 순간을 선별해 보여준다. 무한한 비교 대상도 문제다. 예전에는 동네 사람 몇 명과 비교했지만, 지금은 전 세계 사람들과 비교한다. 언제 어디서나 스마트폰으로 다른 사람의 삶을 엿볼 수 있고, '좋아요' 수, 연봉, 스펙까지 즉석에서 비교한다.

현진은 SNS를 볼 때마다 우울해졌다. 대학 동창들의 결혼 사진, 승진 소식, 해외여행 사진을 보면서 '나만 제자리걸음인 것 같다'라고 느꼈다. 하지만 실제로 만나서 이야기해 보니, 그들도 각자 고민과 어려움이 있었다. SNS는 하이라이트 모음이었던 것이다.

마음을 병들게 하는 것들

비교가 우리에게 끼치는 악영향은 몹시 크다. 먼저 자존감이 파괴되어 '나는 항상 남보다 못해'라는 생각이 굳어진다. 현재에 불만족하여, 지금 가진 것에 감사하지 못하고 항상 남의 것을 부러워하게 된다. 또한 친구, 동료, 가족과의 관계에서도 경쟁심과 시기심이 생긴다.

목표도 왜곡되어 내가 진짜 원하는 게 아니라 남들이 가진 걸 목표로 삼고, 감사를 잊고 이미 받은 축복을 당연하게 여기며 불평불만이 늘어난다. 정체성의 혼란으로 '나는 누구인가?'보다 남과 비교할 때 '내 위치는 어디인가?'에 집중한다.

승규는 직장 동료와 자신을 계속 비교하면서 스트레스를 받았다. 같은 시기에 입사한 동료가 먼저 승진하자, '내가 뭔가 부족한가?'라는 생각에 밤잠을 못 이루고, 가족에게 짜증을 냈다. 하지만 나중에 알고 보니, 그 동료는 야근과 스트레스로 건강이 많이 나빠진 상태였다. 겉으로 보이는 성공 뒤에 보이지 않는 아픔과 어려움이 있었다.

하나님의 개별성 원리

성경은 하나님이 각 사람을 개별적으로 창조하시고, 각자에게 고유한 계획이 있으시다고 말씀한다.

> 내 생각이 너희의 생각과 다르며 내 길은 너희의 길과 다름이니라 사 55:8

하나님의 시간표와 방법은 인간의 예상과 다르다.

> 우리는 그가 만드신 바라 그리스도 예수 안에서 선한 일을 위하여 지으심을 받은 자니 이 일은 하나님이 전에 예비하사 우리로 그 가운데서 행하게 하려 하심이니라 엡 2:10

하나님이 각자에게 예비하신 고유한 선한 일이 있다. 달란트 비유를 보면, 각자의 능력에 따라 다른 달란트를 주셨다(마 25:14-30). 5달란트 받은 사람과 2달란트 받은 사람에게 기대하시는 게 다르다.

> 오직 주께서 각 사람에게 나눠 주신 대로 하나님이 각 사람을 부르신 그대로 행하라 고전 7:17

각자에게 주신 부르심이 다름을 인정하라고 주님은 말씀하신다. 아브라함은 75세에 하나님의 부르심을 받았다. 그는 이미 노인이었다. 하나님은 그에게 "큰 민족을 이루리라"라고 약속하셨지만, 실제로 이삭을 낳은 건 25년 뒤인 100세 때였다. 그사이에 다른 사람들은 자녀를 낳고 키우고 손자까지 보았을 것이다. 아브라함이 자신의 처지를 남들과 비교했다면 얼마나 절망했을까!

하지만 아브라함의 위대함은 남과 비교하지 않고 하나님의 약속만 붙잡고 기다린 것이다. 그 결과, 그는 '믿음의 조상'이라는 영광스러운 칭호를 얻었다. 우리도 마찬가지다. 남들보다 늦어 보여도, 남들과 다른 길을 가고 있어도, 하나님의 시간표는 완벽하다.

나만의 속도를 찾는 실용적 방법

나의 고유함을 인정하는 것부터 시작해 보자. 내가 가진 독특한 장점을 적고, 좋아하는 것과 관심사를 파악하여, 나만의 가치관과 우선순위를 정리해 보자.

'비교 금지 구역'을 설정하는 것도 중요하다. SNS 사용 시간을 제한하고, 비교를 자극하는 상황이나 사람들과 거리를 둬라. '남들은 어때?'라는 질문 대신 자신에게 '내게는 어떤 의미인가?'를 물어보라. 내 속도의 장점을 찾아보자. 빠른 게 항상 좋은 건 아니다. 천천히 가는 사람은 더 깊이 경험하고 배운다. 늦게 피는 꽃이 더 오래 간다. 과정에 집중하는 것도 도움이 된다. 결과보다 과정에서 의미를 찾고, 작은 성장과 변화를 인정하라. 하루하루 최선을 다했다면, 그것으로 충분하다.

감사 연습도 해보라. 매일 세 가지씩 감사한 일을 적고, 남과 비교할 때 나오는 부정적 감정을 감사로 전환해 보라.

지우는 친구들이 다 결혼하고 육아에 바쁠 때 홀로 직장생활을 하며 외로움을 느꼈다. 하지만 그 시간 동안 자기 계발을 하고, 다양한 경험을 쌓았다. 결혼한 후에는 혼자 있던 시간의 소중함을 절실히 깨달았다고 한다.

이솝 우화 중 〈토끼와 거북이〉 이야기가 있다. 이 시대에 그 이야기를 다시 쓴다면, 나는 다르게 쓰고 싶다. 토끼와 경주에서 늘 지고 낙심하는 거북이처럼 좌절을 겪는 사람들을 위해 이렇게 말할 것이다.

"땅에서 달리기로 자신을 평가하지 말고 바다로 나가보세요. 바다에 몸을 담그고 수영을 해보세요. 얼마나 자유롭고 빠를까요. 나를 놀리던 그 토끼는 바다에 들어오지도 못할 거예요. 그리고 투박하고 무겁던 등껍질도 정말 쓸모 있을 거예요. 상어가 쫓아올 때, 나를 지키는 갑옷이 될 테니까요!"

하나님의 시간표 신뢰하기

은경은 30대 중반까지 미혼이었다. "언제 결혼할 거야?"라는 질문에 지쳐갔고, 친구들의 결혼 소식을 들을 때마다 초조해졌다. 하지만 40세에 만난 남편과 결혼한 후, 그녀는 깨달았다.

"만약 20대에 서둘러 결혼했다면 지금의 남편을 만날 수 없었을 거예요. 하나님의 시간은 완벽했어요."

하나님의 시간표가 느리다고 느낄 수 있지만, 돌아보면 가장 완벽한 타이밍이었음을 알게 된다.

> 범사에 기한이 있고 천하만사가 다 때가 있나니 전 3:1

당신만의 때가 있으니 주님을 의지하고 조급하게 서두르지 말라.

비교는 마음의 도둑이다. 현재의 감사와 미래의 희망을 모두 훔쳐 간다. 남들의 속도가 아닌 당신만의 속도로 가라. 남들의 기준이나 시간표가 아닌 하나님의 기준과 시간표를 신뢰하라.

거북이처럼 묵묵히, 꾸준히, 자신만의 속도로 걸어가는 당신이 진정한 승리자다. 하나님은 당신을 남과 비교해서 사랑하지 않으신다. 당신은 비교 대상이 아니라 하나님의 유일한 작품이다.

> **오늘의 마음연습** 나의 비교 습관을 점검해 보라.

- 내가 자주 남과 비교하는 영역은 무엇인가?(외모, 능력, 성과, 관계, 재정 등)
- 주로 누구와 비교하는가?(친구, 동료, 가족, SNS 속 사람들)
- 비교 후에 느끼는 감정은 무엇인가?(열등감, 질투, 조급함, 절망감 등)
- 나만의 고유한 장점과 속도는 무엇인가?
- 하나님의 시간표로 보면, 지금 내 상황은 어떤 의미일까?

> **실전 연습** 비교하고 싶은 마음이 들 때마다 "나는 하나님의 유일한 작품이다. 내게는 나만의 때와 속도가 있다"라고 고백해 보라.

◆ 오늘의 기도 ◆

주님, 제가 그동안 얼마나 남과 비교하며 살아왔는지 고백합니다. 다른 사람의 성공, 속도, 성과를 보며 조급해하고 열등감을 느꼈던 저를 용서해 주세요. 주님, 제게도 주님만의 고유한 계획과 시간표가 있음을 믿습니다. 남들보다 늦어 보여도, 남들과 다른 길을 가고 있어도 주님의 때가 가장 완벽함을 신뢰합니다. 아브라함처럼 25년을 기다려도 주님의 약속을 붙잡을 수 있는 믿음을 주세요. 거북이처럼 남을 의식하지 않고, 오직 주님만 바라보며 저만의 속도로 걸어가게 하소서.

비교의 유혹에서 벗어나 현재 주님이 주신 것들에 감사하며, 제게 맡겨진 일에 최선을 다할 수 있게 도와주세요. 예수님의 이름으로 기도드립니다. 아멘.

성공에 대한 집착 내려놓기
: 빠르게보다 바르게

마음이 말하는 것

"성공해야 한다는 압박감에 숨이 막혀요."

스타트업 대표인 한 젊은 청년이 털어놓은 말이다.

"매출이 오르지 않으면 밤잠을 이루지 못해요. 동기들의 성공 소식을 들으면 초조해져요. 성공하지 못하면 실패한 인생인 것 같아요."

우리는 하나님이 아니라 '성공'이라는 우상을 섬기는 건 아닐까. 성공이 삶의 주인이 되고, 모든 결정의 기준이 되어 있다. 이제는 성공보다 신실해지려고 노력해 보면 어떨까. 빨리 가려 하지 말고 바르게 가자.

현대는 '성공 중독 사회'다. 어릴 때부터 우리는 성공해야 한다는 메시지에 둘러싸여 살아간다. 성공의 압박 요소가 정말 많다. 미디어는 성공한 사람의 화려한 모습만 비추고, 좋은 대학과 직장에 들어가는 것만이 성공의 길이라고 가르친다. 가족은 "성공해서 부모님에게 효도하라"라는 압박을 주고, 사회는 성과주의, 경쟁주의 문화를 만든다. 이런 환경에서 자연스럽게 '성공하지 못하면 실패한 인생'이라는 강박을 갖게 된다.

지순은 대기업에 다니면서도 늘 불안했다. '더 높은 곳으로 올라가야 해, 더 많이 벌어야 해'라는 생각에 사로잡혀 있었다. 승진하면 잠깐 기쁘지만, 곧 다음 목표에 대한 압박이 밀려왔다. 소유한 주식이 오르면 기분이 좋고, 조금이라도 손해를 보면 우울했다.

성공은 마치 중독성 약물과 같아서 한번 맛보면, 계속 더 큰 것을 원하게 된다. 세상이 말하는 성공과 하나님이 말씀하시는 성공은 다르다. 세상의 성공 기준은 돈, 명예, 권력이다. 남보다 앞서는 것, 눈에 보이는 성과, 빠른 결과, 개인의 성취를 중요하게 여긴다. 그러나 하나님의 성공 기준은 '올바름'과 '신실함'과 '순종'이다. 사랑과 섬김, 품성과 인격, 과정의 의미, 공동체의 유익을 중요하게 여기신다.

예수님의 생애는 세상 기준으로는 성공한 삶이 아니었다. 33세에 십자가에서 죽으셨고, 재산도, 지위도, 세상 권력도 없으셨다. 그러나 하나님의 기준으로는 가장 성공한 삶이었다.

아버지의 뜻에 완전히 순종하셨고, 인류를 구원하는 일을 완성하셨기 때문이다. 성공에 집착하면 많은 걸 잃는다. 먼저 관계가 손상된다. 성공을 위해 가족, 친구, 동료를 소홀히 하거나 이용하게 된다. 미래의 성공만 바라보느라 현재의 소중한 순간을 놓친다. 몸과 마음을 혹사해 건강을 잃고, 가치관이 왜곡되어 수단과 방법을 가리지 않게 되고, 윤리적 기준도 낮아진다.

정체성의 혼란으로 '성공해야만 가치 있는 사람'이라고 생각하게 된다. 무엇보다 하나님보다 성공을 우선하게 되고, 결국 지나친 압박감으로 번아웃이 와서 무너지고 만다.

경수는 성공에 대한 강박으로 가족과 시간을 거의 보내지 못했다. 주말에도 일하고, 아이들 학교 행사도 참석하지 못했다. 어느 날, 아들이 어린이집 선생님에게 "나는 아빠 얼굴을 잘 못 봐서 기억이 안 나요"라고 했다는 말을 듣고, 그제야 자신이 무엇을 놓치고 있었는지 깨달았다고 한다.

성경 속 성공과 실패

성경에는 세상적으로 성공한 것처럼 보이나 하나님 앞에서는 실패한 사람과 그 반대인 사람이 나온다.

부자 청년은 세상적으로는 성공한 사람이었다(마 19:16-22).

젊고, 부자이며, 권력도 있었다. 하지만 그는 예수님의 말씀에 순종하지 못했다. 재물을 두고 주님을 따르지 못했다.

반면, 욥은 한때 모든 것을 잃어 세상에서 완전한 실패자처럼 보였다. 하지만 하나님께 끝까지 신실했고, 결국 하나님께서 갑절의 복을 주셨다. 요셉은 형들에게 팔려 가, 누명을 쓰고 감옥에 갇혔다. 세상적으로는 실패한 인생 같았지만, 하나님의 계획 속에서 애굽의 총리가 되어 이스라엘 민족을 구원했다. 다니엘은 바벨론 포로로 끌려가 모든 걸 잃었지만, 하나님께 신실하여 결국 바벨론과 바사에서 높은 자리에 올랐다. 이들의 공통점은 상황에 상관없이 하나님께 신실했다는 것이다.

예수님이 말씀하신 진짜 성공의 비밀은 '신실함'이다.

> 지극히 작은 것에 충성된 자는 큰 것에도 충성되고 지극히 작은 것에 불의한 자는 큰 것에도 불의하니라 눅 16:10

큰 성공을 꿈꾸기 전에 주어진 작은 일에 신실해야 한다. 달란트 비유에서도 마찬가지다(마 25:14-30). 5달란트로 5달란트를 남긴 종과 2달란트로 2달란트를 남긴 종 모두에게 "잘했다, 착하고 신실한 종아!"(마 25:23, 새번역)라고 하셨다. 중요한 건 얼마나 많이 남겼느냐가 아니라, 얼마나 신실했느냐였다.

시헌은 늘 자기 삶이 실패라고 여겼다. 10여 년 동안 해온 일이 잘 안되어 실패했다고 생각했다. 그러나 늘 하나님께 기도하며 자기에게 주신 하나님의 목적을 향해 나아갔다. 그리고 지금은 대기업 취업과 동시에 자신만의 장점을 살려 쇼호스트 일을 해 나가고 있다. 그는 "하나님은 가장 좋은 때에 가장 좋은 것을 주시는 분이시더라고요"라고 고백했다.

과정을 즐기는 삶

성공에 집착하는 삶은 목적지만 바라보는 여행과 같다. 일찍 도착하기만을 원하고, 가는 동안 풍경은 보지 못한다. 하지만 인생은 목적지가 아니라 여행 자체다. 그 과정에서 배우고, 성장하고, 관계 맺고, 의미를 발견하는 게 더 중요하다.

과정을 즐기는 방법을 알아보라. 큰 성과만 보지 말고 작은 발전도 인정하라. 실수를 학습 기회로 보고, 실패를 성장의 과정으로 받아들여 보라. 성공보다 사람 관계를 우선시하라. 미래의 결과보다 현재의 최선에 집중해 보라. '왜 이 일을 하는가?'에 대한 명확한 의미를 찾아보라.

정아는 프로젝트 매니저로 일하면서 늘 빠른 성과에만 집중했다. 하지만 어느 날, 한 팀원의 개인적 어려움을 알게 되었다. 그때부터 성과보다 사람에 관심을 두기 시작했고, 오히려 팀워크가 좋아지면서 더 좋은 결과를 얻었다.

세상에서는 SMART, 구체적(Specific)이고, 측정 가능하며(Measurable), 달성 가능하고(Achievable), 현실적이며(Realistic), 기한이 있는(Time-bound) 목표를 세우라고 한다. 여기에 우리는 HEART로 추가 목표를 세워보면 어떨까.

H(Holy): 이 목표는 하나님을 영화롭게 하는가?

E(Eternal): 이 목표는 영원한 가치를 남기는가?

A(Authentic): 이 목표는 내 소명과 연결되는가?

R(Relational): 이 목표는 관계를 세우는가?

T(Transformational): 이 목표는 나와 타인을 변화시키는가?

이런 기준으로 세운 목표는 성공 여부와 관계없이 하나님 앞에서, 또 스스로 가치를 가질 수 있다.
세상의 기준이 아닌 하나님의 기준으로 성공을 다시 정의해 보라. 내가 하나님보다 더 중요하게 여기는 건 무엇인가? 성공, 돈, 명예, 인정 등 내게 우상이 된 건 무언지 솔직하게 찾아보라. 과정에 의미를 부여해 보라. 결과보다 과정에서 의미를 찾자. 감사의 관점으로 전환해 없는 것에 집착하지 말고 있는 것에 감사하자. 하나님이 지금 내게 원하시는 건 무엇인지 생각해 보고, 내 계획보다 하나님의 뜻을 구하자.

진짜 성공은 빠르게 높은 곳에 올라가는 게 아니라, 바르게 하나님의 길을 걷는 것이다. 성공에 대한 집착을 내려놓고 신실함을 택하라. 결과에 대한 조급함을 내려놓고, 과정에서 성장을 기뻐하자. 남들보다 앞서가려 하지 말고, 하나님의 속도에 맞춰 걸어가라.

하나님의 기준으로 보면, 지금의 당신도 이미 충분히 성공한 사람이다. 하나님의 사랑받는 자녀이며, 귀한 일에 부르심을 받은 사람이니까. 빠르게가 아니라 바르게, 크게가 아니라 넓게, 높게가 아니라 깊게, 이것이 하나님이 원하시는 성공이다.

오늘의 마음연습 나의 성공 집착을 점검해 보라.

- 내가 생각하는 성공의 정의는 무엇인가?
- 실패할까 봐 불안하고 초조했던 경험이 있는가?
- 성공을 위해 포기했거나 소홀히 한 것은 무엇인가?(관계, 건강, 가치관 등)

- 하나님의 관점에서 내 현재 상황은 어떤 의미일까?
- 지금 내가 신실해야 할 '작은 것'은 무엇인가?

> **실전 연습** 성공에 대한 압박이 올라올 때마다 "빠르게보다 하나님 앞에서 바르게, 크게보다 넓게"라고 고백하라.

◆ 오늘의 기도 ◆

주님, 제가 그동안 성공에 집착했음을 고백합니다. 세상 기준에 따라 빠르게, 높게 올라가려고 애쓰느라 정작 중요한 것을 놓쳤어요. 진짜 성공은 신실함임을 깨닫게 하소서. 큰 것을 바라기 전에 작은 것에 충성하는 사람이 되게 하시고, 결과보다 과정에서 주님을 만나게 해주세요.

제 안의 '성공'이라는 우상을 무너뜨려 주시고, 오직 주님만이 인생의 주인이 되어주세요. 남들과 비교하지 말고 주님이 제게 주신 고유한 부르심을 감사히 감당하게 하소서. 빠르게가 아니라 바르게, 높게가 아니라 깊게, 제가 걸어가야 할 길을 걸어가도록 도와주세요. 예수님의 이름으로 기도드립니다. 아멘.

칭찬에 의존하지 않기

: 사랑받기 위해 애쓰는 나

마음이 말하는 것

직장에 다니는 한 청년이 말했다.

"나는 칭찬받지 못하면 하루가 우울해요. 직장에서 상사가 '잘했어'라는 말 한마디만 해줘도 기분이 좋아지고, 반대로 아무 말 없이 약간 화난 표정을 지으면 '내가 잘못했나?' 하며 밤잠을 못 이뤄요. 교회에서도 목사님이나 선생님들의 칭찬이 없으면 기운이 빠지고 외로움이 몰려와요. 내가 뭔가 잘못한 건 아닌가 불안해지고요."

나도 코칭을 하면서 이런 유혹에 빠지곤 했다.

"코치님께 코칭을 받아서 회복되었어요. 코칭을 통해 제 삶이 변했어요."

이런 피드백을 받지 않으면 뭔가 불안했다. 그런데 어느 날,

내가 하나님께 인정받기 위해서가 아니라, 사람들에게 칭찬받기 위해 이 일을 하고 있음을 알았다. 칭찬이 내 정체성을 좌우하고, 내 감정을 조종하고 있었다.

진정 상대에게 도움이 되려면 나 자신이 칭찬만 받아서는 안 된다. 어떨 때는 서운함도 줄 수 있고, 훈련을 힘들게 할 수도 있다. 단기적인 재미와 즐거움뿐만 아니라 중장기적인 성장을 위한 힘든 과정이 필요할 수도 있다. 이때 코치로서 칭찬만 받아서는 안 된다.

사실 상대에게 도움이 되기 위해서는 가끔 미움도 받을 준비가 필요하다는 걸 깨달았다. 더 나아가 사람의 칭찬은 바람과 같아서 금방 사라진다는 걸 알았다. 하지만 하나님의 사랑은 바위와 같아서 영원하다. 우리는 바람에 기대지 말고 바위에 기대야 한다.

현대는 '칭찬 중독의 시대'라고 해도 과언이 아니다. SNS의 '좋아요', '댓글', '공유' 숫자가 우리의 자존감을 결정한다. 많이 받으면 기분이 좋아지고, 적게 받으면 우울해진다.

다른 사람의 인정 없이는 불안함을 느끼고, 칭찬받지 못할 때 자신의 가치를 의심한다면 칭찬 중독에 빠진 것이다. 그러면 칭찬받기 위해 자신을 과도하게 포장하고, 비판이나 무관심에 과민하게 반응하며, 타인의 평가에 따라 기분이 극단적으로 변한다.

민아는 SNS에 올린 사진이 '좋아요'를 많이 받으면 종일 기분이 좋았다. 하지만 반응이 없으면 '내가 매력이 없나?' 하며 자책했다. 결국 사진을 찍는 것도, 옷을 입는 것도, 심지어 어디를 가는 것도 모두 '좋아요'를 위한 선택이 되었다. 그러자 자신의 진짜 취향이 뭔지 모르게 되었다.

칭찬 자체가 나쁜 건 아니다. 칭찬은 사람을 격려하고 동기를 부여하는 좋은 도구다. 문제는 칭찬에 '의존'하게 될 때다. 건전한 칭찬은 격려와 동기부여 역할을 한다. 구체적이고 진실한 인정으로, 받는 사람의 성장을 돕는 목적이 있다. 과정과 노력에 대한 인정이다.

하지만 독성 칭찬은 조건부 사랑의 표현이다. "이럴 때만 사랑해"라고 하며 조정과 통제의 수단으로 사용한다. 과장되고 공허한 내용으로, 결과에만 초점을 맞춘다.

칭찬에 중독되면 자신의 내적 동기를 잃는다. 내가 좋아서 하는 일이 남들에게 인정받기 위해 하는 일로 바뀌기 때문이다.

칭찬 중독의 뿌리, 조건부 사랑의 상처

대부분의 칭찬 중독은 어린 시절 조건부 사랑에서 시작된다. "공부 잘하면 사랑해 줄게", "착하게 행동해야 예쁘지", "1등 해야 자랑스럽다"와 같은 메시지를 들으며 자란 아이는 '내가 뭔가를 잘해야만 사랑받을 수 있다'라고 학습된다. 이것이 성인이 되어서도 끊임없이 칭찬과 인정을 구하게 만든다.

정훈은 어린 시절에 어머니로부터 "다른 애들은 다 1등 하는데 너만 못해"라는 말을 자주 들었다. 그래서 성인이 된 지금도 직장 상사의 칭찬 한마디에 일희일비한다. '인정받아야만 존재 가치가 있다'라는 믿음이 깊이 박혀 있기 때문이다. 하지만 이건 거짓 믿음이다.

앞에서 말했듯 우리의 가치는 성과나 행동에 달려 있지 않다. 하나님께서 우리를 사랑하시는 이유는 우리가 뭔가를 잘해서가 아니라 그분의 자녀이기 때문이다.

예수님은 사람들의 칭찬과 인정에 연연하지 않으셨다. 사람들이 왕 삼으려 할 때 오히려 그들을 피하셨다.

> 그러므로 예수께서 그들이 와서 자기를 억지로 붙들어 임금으로 삼으려는 줄 아시고 다시 혼자 산으로 떠나가시니라 요 6:15

그분은 인기와 칭찬을 거부하셨다. 고향에서 배척받을 때는 "선지자가 자기 고향과 자기 집 외에서는 존경을 받지 않음이 없느니라"(마 13:57)라고 말씀하시며 사람들의 무시와 비판에도 흔들리지 않으셨다.

예수님은 십자가 앞에서도 마찬가지셨다.

> 빌라도가 유대인들에게 이르되 보라 너희 왕이로다 그들이 소리 지르되 없이 하소서 없이 하소서 그를 십자가에 못 박게 하소서
> 요 19:14,15

극도의 모독과 조롱 속에서도 아버지의 뜻에 순종하셨다. 예수님의 정체성은 사람들의 평가가 아닌, 아버지와의 관계에서 나왔다. "이는 내 사랑하는 아들이요 내 기뻐하는 자라"(마 3:17)는 하나님의 음성이 그분의 모든 행동의 기반이었다.

진정한 만족의 근원

외적 동기는 칭찬, 인정, 보상을 위해 행동하는 것이다. 다른 사람의 평가에 의존하고, 단기적 만족감을 주지만 동기가 쉽게 사라져 버린다.

반면, 내적 동기는 자신의 가치관과 의미를 위해 행동하는 것으로 내면의 만족과 성취감을 주고, 지속적 동력이 되며 외부 상황에 덜 좌우된다. 연구에 따르면 내적 동기로 행동하는 사람이 더 창의적이고, 더 깊은 만족감을 느끼며, 더 지속적으로 노력한다고 한다.

하나님을 아는 것은 가장 강력한 내적 동기다. 하나님이 나를 사랑하신다는 확신, 하나님께서 나를 통해 일하신다는 믿음, 하나님의 영광을 위해 살아간다는 소명 의식 등은 어떤 외적 칭찬보다 강력한 동력이 된다.

칭찬 중독에서 벗어나려면 건강한 자존감을 세워야 한다. 잘못된 자존감의 기반은 '나는 성공해서 대단해', '나는 사람들에게 인정받아서 가치 있어', '나는 완벽해서 괜찮아'이다.

하지만 건전한 자존감의 근거는 '나는 하나님의 사랑받는 자녀야', '나는 부족해도 하나님께는 귀한 존재야', '나는 하나님의 계획 속에 있는 특별한 존재야'이다. 이런 기반 위에 선 자존감은 외부 평가에 흔들리지 않는다. 칭찬은 감사히 받되 교만하지 않고, 비판을 들어도 절망하지 않는다.

칭찬 의존에서 벗어나려면 먼저 자신의 '칭찬 의존'을 인정하는 것부터 시작하라. 그리고 내적 동기를 찾아보라.

'나는 왜 이 일을 하는가? 칭찬받기 위해서인가, 진짜 의미가 있어서인가?'

또 하나님의 음성을 들어보라. 사람들의 평가보다 하나님의 관점을 구하는 것이다.

마지막으로 작은 실천을 해보라. 칭찬받지 않아도 만족할 수 있는 작은 일을 찾아서 해보자(혼자 책 읽기, 조용한 봉사, 감사 일기 쓰기 등).

감사의 관점을 가져보라. 칭찬보다는 '오늘 내가 누군가에게 도움이 되었나?', '오늘 나는 성장했나?'를 돌아보자.

진정한 칭찬, 하나님의 인정

우리가 진짜 들어야 할 칭찬은 하나님에게서 오는 인정이다. "잘하였도다 착하고 충성된 종아"(마 25:23)라는 말을 듣기 위해서는 큰 성과보다 작은 신실함이 필요하다. 사람의 박수보다 하나님의 기쁨이 목표여야 하고, 완벽한 결과보다 진실한 마음이 중요하다.

하나님의 인정은 조건부가 아니다. 성과와 관계없이 우리를 사랑하시고, 우리의 노력 자체를 기뻐하신다. 사람들의 칭찬은 예쁜 꽃과 같다. 받으면 기쁘지만 금세 시들어버리고, 하나님의 사랑은 뿌리 깊은 나무와 같아서 사계절 내내 우리를 지탱해 준다.

당신의 가치는 남들의 평가로 결정되지 않는다. 하나님께서 이미 "심히 좋았더라"라고 말씀하셨기 때문이다. 칭찬받기 위해 애쓰는 삶에서 벗어나 하나님께 인정받는 삶을 살아라. 그것이 진정한 자유이며 참된 만족이다.

> **오늘의 마음연습** 나의 칭찬 의존도를 점검해 보자.
> - 얼마나 자주 다른 사람의 칭찬이나 인정을 원하는가?
> - 칭찬받지 못할 때 느끼는 감정은 무엇인가?(불안, 서운함, 실망감 등)
> - 칭찬받기 위해 했던 행동은 무엇인가?
> - 내가 하는 일의 진정한 동기는 무엇인가?(칭찬, 의미, 소명 등)
> - 하나님의 관점에서 보면 나는 어떤 존재인가?

> 실전 연습 칭찬받고 싶은 마음이 들 때 "나는 이미 하나님께 사랑받고 있다. 그것만으로 충분하다"라고 고백해 보자.

◆ 오늘의 기도 ◆

주님, 제가 사람들의 칭찬과 인정에 얼마나 목말라했는지 고백합니다. 칭찬받기 위해 자신을 포장하고, 인정받지 못하면 가치 없는 사람처럼 느끼기도 했어요. 제 가치는 남들의 평가가 아니라 주님의 사랑으로 결정됨을 깨닫게 하소서. "내 사랑하는 자녀"라고 불러주신 주님의 음성이 가장 큰 칭찬임을 믿습니다.

사람의 박수보다 주님의 기쁨을 구하게 하시고, 외적 동기보다 내적 동기로 살게 해주세요. 칭찬이나 인정받지 않아도 평안한 마음 주시기를 원합니다. 언젠가 주님께 "잘했다, 착하고 신실한 종아"라는 말씀을 들을 수 있도록, 작은 일에 신실한 사람이 되게 도와주세요. 예수님의 이름으로 기도드립니다. 아멘.

part 2.

올바른 관계 맺기

DAY 12
경계 세우기
: 부탁을 거절해도 괜찮아(경계1)

마음이 말하는 것

"코치님, 저는 '아니요'라는 말을 못 하겠어요."

한 집사님이 지친 얼굴로 말했다.

"교회에서 부탁하면 다 들어주고, 직장에서도 동료들 일을 대신 하고, 집에서도 가족이 시키는 일은 다 해요. 그런데 점점 힘들어요. 제 시간은 없고, 남을 위해 사는 것 같아요."

나도 살면서 모든 부탁을 다 들어주려 했기에 깊이 공감할 수 있었다.

'전도사니까 교회에서 섬겨야지. 신학생이 거절하면 사랑이 없어 보일 거야. 힘들다고 도와달라는 사람을 어떻게 거절해.'

그렇게 예스맨이 되어 살았다. 코칭 요청이 와도, 어려운 시간에 강의 부탁이 와도, 모임 참석 요청이 와도 내 대답은

"Yes"였다. 거절은 이기적인 행동이라고 생각했다. 하지만 시간이 지나면서 모든 것에 "네"라고 하는 바람에 중요한 일에는 집중할 수 없었음을 알았다. 정작 중요한 사람에게는 "No"라고 하고 있었다는 것을.

가족과의 시간, 깊이 있는 기도와 말씀 묵상, 건강을 위한 운동, 필요한 자기 계발, 한 사람과의 깊은 교제와 양육 등 더 중요하고 핵심적인 것들이 희생되었다.

그제야 경계를 세우는 건 이기적인 행동이 아니라 오히려 선한 영향력을 끼치기 위한 필수 과정임을 깨달았다.

경계란 무엇인가?

경계(Boundary)란 '여기까지가 나이고, 여기서부터는 당신'이라는 선을 긋는 것이다. 물리적, 감정적, 시간적, 관계적 영역에서 자신을 보호하고 타인과 건전한 관계를 맺는 데 필요한 울타리다. 이웃이 싫거나 미워서 울타리를 치는 게 아니라, 서로의 영역을 존중함으로써 더 좋은 관계를 유지하기 위함이다.

경계에는 여러 종류가 있다.

- 물리적 경계 – 신체적 접촉이나 개인 공간에 대한 분리

- 감정적 경계 – 타인의 감정에 휩쓸리지 않기
- 시간적 경계 – 자신의 시간을 지키는 것
- 관계적 경계 – 건전하지 못한 관계에 거리 두기

모든 것을 다 받아들이면

경계가 없는 삶은 문이 없는 집과 같다. 누구든 들어와서 무엇이든 가져갈 수 있기에 주인은 늘 불안하고 지칠 것이다. 경계가 없는 사람들은 부탁을 거절하지 못하고, 다른 사람의 문제를 내 문제처럼 여긴다. 늘 시간에 쫓겨 여유가 없고, 자신의 욕구나 필요를 무시한다. 다른 사람을 기쁘게 하고, 자신을 희생하며, 분명한 입장 표현을 어려워한다.

수미는 경계 없는 삶으로 힘들었다. 시어머니가 자신의 집 비밀번호를 알고 있어서 갑자기 찾아와 여러 요구를 해도 거절하지 못했고, 친구들이 아이를 봐달라고 하면 자신의 계획을 포기하고 도와주었다. 남편의 과도한 요구도 '아내니까 당연히 해야지' 하며 감당했다. 그러다 번아웃이 와서 우울증까지 생겼다.

많은 사람이 이 경계 세우기를 어려워하는 (대표적인) 이유는 '착한 사람 콤플렉스' 때문이다. '착한 사람은 모든 부탁을 들어준다', '거절하는 건 이기적이다', '다른 사람을 실망하게 하면 안 된다', '좋은 관계를 유지하려면 양보해야 한다', '내가 희생해서라도 남을 도와야 한다'라는 통념이 깊이 박혀 있다. 하지만 이건 잘못된 믿음이다.

진짜 착한 사람은 무조건 "예" 하는 사람이 아니라, 적절한 때 "아니요"라고 말할 수 있는 사람이다. 사실 경계는 사랑의 표현이다. 자신과 타인 모두를 위한 것이기 때문이다.

부탁을 다 들어주는 게 진짜 도움이 아닐 수 있다. 또한 자신을 돌보는 것도 하나님이 주신 책임이다. 명확한 경계가 있을 때, 더 건전한 관계를 맺을 수 있다.

완전한 사랑 안에서의 지혜

예수님은 모든 사람을 사랑하셨지만, 동시에 명확한 경계를 세우셨다.

> 새벽 아직도 밝기 전에 예수께서 일어나 나가 한적한 곳으로 가사 거기서 기도하시더니 막 1:35

이 말씀에서 예수님이 두신 시간적 경계를 알 수 있다. 사람들의 요구가 많았지만 기도할 시간을 확보하셨다.

> 이르시되 우리가 다른 가까운 마을들로 가자 거기서도 전도하리니 내가 이를 위하여 왔노라 막 1:38

이를 통해 사역의 경계도 알 수 있다. 요청이 많아도 더 큰 사명을 위해 떠나셨다. 관계의 경계도 세우셨다.

> 예수는 그의 몸을 그들에게 의탁하지 아니하셨으니 이는 친히 모든 사람을 아심이요 요 2:24

사람들을 사랑하시되 무분별하게 신뢰하지는 않으셨다. 가족과도 "누가 내 어머니이며 내 동생들이냐… 누구든지 하늘에 계신 내 아버지의 뜻대로 하는 자가 내 형제요 자매요 어머니이니라"(마 12:48-50)라고 하시며 경계를 두시고, 가족의 요구보다 하나님의 뜻을 우선하셨다.

예수님의 경계는 사랑이 없어서가 아니라, 더 큰 사랑을 위한 지혜였다.

사랑으로 말하는 "No"

거절할 때는 방법이 중요하다. 공격적이거나 방어적이지 않으면서도 명확하게 경계를 표현하는 기술이 필요하다.

1. 먼저 감사를 표현한다. → "부탁해 줘서 고마워요."
2. 명확하게 거절한다. → "하지만 지금은 할 수가 없어요."
3. 간단한 이유를 말한다. → "다른 약속이 있어서요."
4. 너무 자세한 변명은 불필요하다. 가능하면 대안을 제시하는 게 좋다. → "대신 이런 방법은 어떨까요?"
5. 마지막으로 관계를 확인한다. → "이해해 줘서 감사해요."

반면, 나쁜 거절은 과도한 변명이나 거짓말, "미안해요" 연발하기, 죄책감을 느끼는 표정이나 말투, 상대를 비난하거나 공격하기, 나중에 후회하며 번복하기 등이다.

예를 들어 "정말 죄송해요. 제가 너무 바쁘고 능력이 부족해서 미안해요"라고 하는 것보다 "부탁해 주셔서 감사하지만, 다른 약속이 있어서 도와드리기 어려워요"라고 말하는 게 좋다.

경계를 세울 때 먼저 자신의 한계를 파악하는 것부터 시작하라. 내 시간과 에너지와 능력의 한계는 무엇인지, 반드시 지켜야 할 우선순위와 스트레스 받는 상황을 알아보는 것이다.

그다음 작은 것부터 거절하는 연습을 해보라. 부담이 크지 않은 요청부터 거절해 보고, "잠시 생각할 시간을 주세요"라고 말하며 즉답을 피하고 시간을 가져라.

거절이 나쁜 행동이 아님을 인식하고, 상대도 거절을 받아들일 수 있음을 기억하자. 진정한 관계는 거절로 깨지지 않음을 믿어라. 또 직접 도와주지는 못해도 다른 방식으로 격려하고, 정보나 조언을 제공하며, 도움받을 수 있는 곳을 알려주는 등 대안을 제시할 수 있다.

은미는 코칭 과정을 통해 반복적으로 실행하며 연습한 후에 말했다.

"처음에는 거절할 때마다 죄책감이 들었어요. 하지만 점차 익숙해지면서 오히려 관계가 더 건강해졌어요. 제가 스스로 지고 있던 짐을 내려놓으니, 여유가 생기고 정말 필요할 때 그들을 더 진심으로 도와줄 수 있게 되더군요."

경계를 세우는 건 이기주의와는 다르다. 이기주의는 오직 자기의 이익만 생각하며, 다른 사람에 대한 배려가 없고, 관계를 파괴하며, 책임을 회피하는 것이다. 반면에 건전한 경계는 자신과 타인을 함께 생각하고, 서로를 존중하며, 관계를 건강하게 만들고, 책임감 있는 선택을 하게 한다.

> 각각 자기 일을 돌볼뿐더러 또한 각각 다른 사람들의 일을 돌보아
>
> 빌 2:4

성경도 자기 일을 돌보며, 타인의 일도 돌보라는 균형을 가르친다. "각각 자기의 짐을 질 것이라"(갈 6:5)라는 말씀처럼 각자 감당해야 할 책임이 있다는 원리다.

건전하지 못한 관계 패턴

어떤 사람들은 다른 사람의 경계를 존중하지 않으려 한다. 이런 경계 침범자의 특징은 거절을 받아들이지 못하고, 죄책감을 일으켜 상대를 압박한다.

"네가 나를 사랑한다면"이라고 협박하고, 경계를 세우면 관계를 끊겠다고 위협하기도 한다. 요즘은 이를 '가스라이팅'이라는 단어로 설명하는데, 상대의 현실 인식을 조작해서 자신이 원하는 대로 통제하려는 심리적 조작 기법이다.

이들은 깊은 불안과 통제 욕구로 인해 타인의 경계를 인정하지 못한다. 이에 대응할 때는 명확하고 일관된 경계를 유지하

고, 감정적으로 반응하지 말며, 신뢰할 수 있는 사람들의 지지를 받는 게 중요하다. 필요시 물리적 거리 두기도 생각해 보고, 주변 사람들과 상의하는 것도 좋은 방법이다.

진정한 사랑은 상대의 경계를 존중하는 것이다. 경계를 인정하지 않는 관계는 '의존'이나 '조종'일 가능성이 높다.

경계는 담장이 아니라 문이다. 선별적으로 여닫을 수 있는 문말이다. 부탁을 거절한다고 나쁜 사람이 되는 건 아니다. 오히려 선택적이고 의미 있는 도움을 주려는 지혜다. 우리에게는 분명한 한계가 있고, 그것을 인정하는 게 솔직함이다. 경계를 세우는 것이 자신과 타인을 진정으로 사랑하는 방법이다.

"아니요"라고 말할 수 있어야 "예"가 더 의미 있다. 오늘부터 건전한 경계를 세워 자유롭고 건강한 관계를 만들라. 모든 사람을 사랑하려다 결국 아무도 사랑할 수 없게 된다. 자신조차도 사랑할 수 없다. 자신의 한계를 받아들이고, 주님께 이 짐을 맡기는 연습이 필요하다.

오늘의 마음연습 나의 경계 설정 능력을 점검해 보자.

- 나는 다른 사람의 부탁을 잘 거절할 수 있는가?
- 거절할 때 주로 느끼는 감정은 무엇인가?(죄책감, 불안함, 미안함 등)
- "아니요"라고 말하기 어려운 영역은 무엇인가?(시간, 돈, 감정적 지지 등)
- 경계가 없어 겪은 어려움이나 피해는 무엇인가?
- 내가 꼭 지켜야 할 우선순위나 가치는 무엇인가?

실전 연습 작은 부탁 하나를 정중하게 거절해 보라. "감사하지만, 이번에는 어려울 것 같아요"라고 말하는 연습을 해보라.

◆ 오늘의 기도 ◆

주님, 그동안 저는 모든 사람을 기쁘게 하려고 애쓰느라 자신과 정말 소중한 걸 소홀히 했습니다. "아니요"라고 말하는 게 나쁘다고 생각하며 무분별하게 요청을 받아들였어요. 예수님도 때로는 사람들의 요청을 거절하시고 자신만의 시간을 확보하셨음을 기억합니다.

경계를 세우는 건 더 나은 사랑을 위한 지혜임을 깨닫게 하소서. 건전한 경계를 세울 수 있는 용기를 주시고, 죄책감에서 자유롭게 하소서. 시간과 에너지를 지혜롭게 사용하여 정말 중요한 일에 집중하게 도와주세요.

진정한 관계는 서로의 경계를 존중할 때 더욱 깊어짐을 믿습니다. 사랑으로 "아니요"라고 말할 수 있게 하소서. 예수님의 이름으로 기도드립니다. 아멘.

의미 있는 "아니요"

: 거절도 사랑의 표현이다(경계2)

마음이 말하는 것

"'아니요'라고 하면 관계가 끝날까 봐 무서워요. 친구가 무리한 부탁을 할 때, 직장 상사가 야근을 시킬 때면 거절하고 싶지만 '혹시 나를 싫어하면 어떡하지?' 하는 생각에 거절하지 못하겠어요."

나도 거절하면 '냉정한 사람', '이기적인 사람'으로 보일까 봐 두려웠다. 그러다 몸과 마음이 한계에 다다랐을 때, 정말 큰 용기를 내어 부탁을 거절했다.

"죄송합니다. 제가 건강 문제가 있어서 요청을 들어드리기가 어렵습니다."

이렇게 말하면서도 가슴이 두근거렸다.

'이제 이 사람이 나를 싫어하겠지?'

하지만 놀라운 일이 일어났다. 오히려 그는 "코치님! 건강이 안 좋으시다니 잘 회복하세요. 이런 상황에 부탁드린 제가 죄송합니다"라고 말했다.

이후 우리는 서로 솔직하고 더 배려 깊은 관계가 되었다. 거절이 관계의 끝이 아니라 더 나은 관계의 시작이 될 수 있음을 깨달았다. 장기적으로 도움이 되는 현명한 선택이었다.

왜 우리는 거절을 무서워할까? 이 두려움은 어린 시절에 주로 형성된다. 두려움의 뿌리에는 버림받을 것에 대한 공포가 있다. '싫다고 하면 나를 떠날 거야'라는 생각과 사랑받지 못할 것에 대한 불안이 있다. '착하지 않으면 사랑받을 수 없어'라는 오해와 갈등에 대한 회피 심리도 있다. '불편한 상황을 만들고 싶지 않아'라는 마음 말이다. 자존감의 부족으로 '내가 거절할 자격이 있을까?'라는 의구심이 일어난다.

이런 두려움은 자기의 필요와 한계를 무시하고 무분별하게 "예"라고 말하게 만든다.

혜수는 어린 시절에 엄마로부터 "네가 말 안 들으면, 엄마는 나가서 죽어버릴 거야"라는 말을 자주 들었다. 그녀는 성인이 되어서도 누군가의 부탁을 거절하면 '나를 떠날 거야'라는 공포에 시달렸다. 그래서 무리한 요청도 다 들어주려고 했고, 결국 자기 삶이 다른 사람들의 필요를 충족시키는 데 소진되고 있음을 알았다.

"아니요"는 단순한 거절이 아니라 더 중요한 가치를 선택하는 것이다. 그 뒤에는, '나는 이미 더 중요한 약속이 있어요', '가족과의 시간은 소중해요', '내게도 휴식이 필요해요', '내 능력의 한계를 알고 있어요', '양질의 도움을 드리고 싶어요'라는 숨은 메시지가 담겨 있다.

예를 들어, 친구가 이사를 도와달라고 요청하는데 거절한다면, 친구가 싫어서가 아니라 이미 다른 중요한 일정이 있거나, 몸이 안 좋아 제대로 도움을 줄 수 없기 때문일 수 있다.

스티브 잡스는 "저는 우리가 이룬 것만큼 이루지 못한 것도 자랑스럽습니다"라고 했다. 뭔가를 해내는 것도 지혜지만, 하지 않는 결단도 중요하다.

예수님의 의미 있는 거절

예수님도 많은 요청을 거절하셨다. 하지만 사랑이 부족해서가 아니라 더 큰 목적을 위해서였다.

헤롯 왕의 만남 요청도 거절하셨다. 빌라도가 예수님을 헤롯에게 보냈을 때, "헤롯이 예수를 보고 매우 기뻐하니 이는 그의 소문을 들었으므로 보고자 한 지 오래였고 또한 무엇이나 이적 행하심을 볼까 바랐던 연고러라"(눅 23:8)라고 했지만, 예수님은 헤롯의 질문에 아무 대답도 하지 않으셨다. 정치적 이용을 거부하신 것이다.

사두개인들의 논쟁도 거절하셨다. 부활을 믿지 않는 그들이 복잡한 질문으로 예수님을 함정에 빠뜨리려 했지만, 간단명료하게 답하시고 더는 논쟁에 말려들지 않으셨다.

기적에 대한 요구도 거절하셨다. "바리새인들이 나와서 예수를 힐난하며 그를 시험하여 하늘로부터 오는 표적을 구하거늘… 깊이 탄식하시며 이르시되 어찌하여 이 세대가 표적을 구하느냐"(막 8:11,12)라고 하시며 호기심을 위한 기적은 행하지 않으셨다.

예수님의 거절에는 분명한 목적과 사랑이 있었다. 더 중요한 일과 더 깊은 사랑을 위해 거절하셨다.

서로를 존중하는 법

건전한 관계의 특징을 보면, 상대의 "아니요"를 존중하고, 거절했다고 관계를 끊지 않으며, 서로의 한계와 상황을 이해한다. 다른 방법으로 도움 받을 수 있음을 인정하고, 상대에게 죄책감을 주지 않는다.

반면, 건전하지 못한 관계는 거절을 받아들이지 못하고, "네가 나를 사랑한다면, 네가 크리스천이라면"이라는 말로 압박한다. 거절하면 화내거나 관계를 위협하고, 죄책감을 조장해서 원하는 걸 얻으려 하며, 상대의 상황을 고려하지 않는다.

진서는 친구 관계에서 이를 경험했다. 그녀가 모임 참석을 거절했을 때 한 친구는 "알겠어, 다음에 또 기회가 있겠지"라고 말했지만, 다른 친구는 "너는 우정보다 일이 더 중요하구나"라며 비난했다. 시간이 지나 보니, 첫 번째 친구와의 관계는 더욱 깊어졌지만, 두 번째 친구와는 결국 멀어졌다.

거절 후에는 죄책감에 사로잡히지 말고, 상대의 반응을 지켜보되 과도하게 신경 쓰지 말아야 한다. 계속 사과하거나 변명하고, 죄책감으로 결정을 번복하지 말아야 한다. 또한 상대를 피하거나 관계가 끝났다고 성급하게 결론 내리는 것도 옳지 않다. 대신 다른 방식으로라도 관심을 표현하면 좋다. 가능할 때 적극적으로 도움을 주는 일관된 태도를 유지하는 게 중요하다.

의미 있는 거절은 놀라운 변화를 불러온다.

개인적 변화로는 자존감이 높아지고, 시간과 에너지 관리 능력이 개선되며, 중요한 일에 집중할 수 있고, 스트레스가 감소하며, 자기 정체성이 확립된다.

관계적 변화로는 더 진실한 관계가 형성되고, 서로의 경계를 존중하며, 의존 관계에서 상호 존중 관계로 발전하고, 건전하지 못한 관계가 자연스럽게 정리되며, 진정한 친구를 발견하게 된다.

영적 변화로는 하나님의 뜻에 더 집중하게 되고, 소명을 찾게 된다. 하나님께서 주신 달란트를 효율적으로 사용하며, 지혜로운 선택 능력도 자라난다.

거절이 어려운 상황들과 대처법

상사가 무리한 일을 요구한다면, "최선을 다해보겠지만, 현재 진행 중인 프로젝트를 고려하면 품질을 보장하기 어렵습니다. 우선순위를 정해주시면 그에 맞춰 진행하겠습니다"라고 말할 수 있다.

가족의 과도한 요구에는 "당연히 도와주고 싶지. 하지만 지금은 내 상황도 어려워서 도와줄 수 없을 것 같아"라고 말할 수 있다.

친구의 금전적 도움 요청에는 "정말 어려운 상황인 것 같아서 마음이 아파. 하지만 지금은 나도 여유가 없어서 어려워. 대신 다른 방법을 함께 생각해 볼까?"라고 할 수 있다.

교회 봉사 요청에는 "섬기고 싶은 마음이 있지만, 지금은 다른 사역이 많아서 새로운 봉사를 맡기는 어렵습니다. 맡은 일에 더 충실하는 게 좋을 것 같습니다"라고 말할 수 있다.

오늘부터 의미 있는 '아니요'를 연습해 보자. 처음에는 어색하고 두려울 수 있지만, 시간이 지나면 그것이 당신과 주변 사람들에게 유익이 될 것이다. 거절은 관계의 끝이 아니라 더 깊고 진실한 관계의 시작이므로.

오늘의 마음연습 거절하기의 두려움을 점검해 보자.

- 거절할 때 가장 두려운 건 무엇인가?(관계 파탄, 미움 받기, 죄책감 등)
- 과거에 거절했을 때 실제로 어떤 일이 일어났는가?
- "아니요"를 하지 못하는 상황이 있는가?
- 그 상황에서 진짜 지키고 싶은 가치는 무엇인가?
- 건전한 방식으로 거절한다면 어떻게 말할 수 있을까?

> **실전 연습** 이번 주에 작은 요청 하나를 정중하고 명확하게 거절해 보라. 오늘 배운 거절법을 참고해서 연습해 보라.

◆ 오늘의 기도 ◆

주님, 그동안 "아니요"라고 말하는 게 두려워 무분별하게 요청을 받아들였습니다. 관계가 끝날까 봐, 미움받을까 봐, 나쁜 사람으로 여겨질까 봐 제 한계와 필요를 무시했어요. 예수님도 때로는 사람들의 요청을 거절하셨음을 기억합니다. 사랑이 부족해서가 아니라 더 큰 목적을 위한 깊은 사랑이었음을 깨닫습니다.

제게도 지혜로운 거절을 할 용기를 주세요. 의미 있는 "아니요"를 통해 더 중요한 것을 선택하게 하시고, 진정한 관계는 거절로 끝나지 않음을 믿게 하소서. 사랑으로 거절하고, 그 후에도 관계를 건전하게 유지할 수 있는 지혜를 주세요. 제가 거절할 때, 더 나은 "예"를 위한 선택임을 기억하게 하소서. 예수님의 이름으로 기도드립니다. 아멘.

DAY 14

혼자 있는 나와 친해지기

: 외로움과 고독의 차이

마음이 말하는 것

"혼자 있으면 너무 외롭고 불안해요. 복잡한 생각만 들고요. 그래서 항상 누군가와 있으려고 계속 전화하는데, 그것도 지쳐요. 혼자의 시간을 어떻게 견뎌야 할까요?"

이 말에 어느 정도 공감할 것이다. 우리는 소란하고 바쁜 세상에 살고 있다. 카톡 단톡방에 연결되어 있고, SNS에도 연결되어 있다. 그러다가 조용한 시간이면 자꾸 부정적 생각이 올라오고, 자책과 걱정으로 마음이 무거워진다. 그래서 바쁘게 사람들을 만나고, 일정을 빽빽하게 채우며 살기도 한다.

하지만 혼자 있는 시간을 피하면 피할수록 진짜 내 모습을 마주할 기회를 잃는다. 다른 사람들과 함께 있을 때는 여러 가지로 분주하지만, 혼자 있을 때 비로소 한 인간으로서 나를 만날 수 있다. 최근 며칠간 혼자 기도원에서 지낼 기회가 있었다. 처음 이틀은 견디기 어려웠다. 뭔가 더 해야 할 것 같고, 누군가 만나야 할 것 같았다. 무엇보다 휴대전화를 안 보는 게 가장 불안했다. 뭔가 급한 메시지나 중요한 이메일이 와 있을 것 같았다.

그런데 사흘째부터는 마음이 차분해지기 시작했다. 그리고 기도원에서 나왔을 때 기분이 너무 좋았다. 혼자 있는 시간이 두렵지 않고, 오히려 소중하게 느껴졌다. 그때 '외로움'과 '고독'이 전혀 다르다는 것을 깨달았다. 더 나아가, 세상과 분리되어 혼자 있어도 큰일이 안 일어난다는 것도.

'외로움'과 '고독'은 겉으로 보면 둘 다 '혼자 있는 상태'지만, 내면의 경험은 완전히 다르다. 외로움(Loneliness)은 타인과의 연결을 간절히 원하는 상태. 버림받았다는 느낌, 불안하고 초조한 감정, 자신에 대한 부정적 생각, 시간이 느리게 가는 느낌, 무언가로 채워야 한다는 강박이 있다.

고독(Solitude)은 자발적으로 선택한 혼자만의 시간이다. 자신과의 깊은 만남, 평안하고 충만한 감정, 성찰과 사색의 시간, 시간이 의미 있게 흘러가는 느낌, 내면이 풍성해지는 경험이다.

영성가이자 수사였던 헨리 나우웬은 "영적인 삶을 살기 위해서는 먼저 외로움이라는 사막에 들어갈 용기를 찾아야 하고, 부드럽고 끈질긴 노력을 통해 그것을 고독이라는 정원으로 바꾸어야 한다"라고 말했다.

그는 외로움을 피하려고 다른 사람들과의 관계에 의존하면, 오히려 더 큰 외로움에 빠진다고 경고했다. 반면, 고독은 우리 자신과 하나님과의 관계 속에서 찾아오는 내적 평안이며, 이 고독에서 나올 때 진정한 사랑과 섬김이 가능하다.

같은 시간이라도 어떤 마음으로 보내느냐에 따라 독이 될 수도, 약이 될 수도 있다.

하영은 이런 연습을 통해 혼자 있는 즐거움을 알게 되었다.

"예전에는 주말에 혼자 있으면 '나는 친구도 없는 외로운 사람'이라는 생각에 우울했어요. 하지만 지금은 책을 읽고, 차를 마시며, 일기를 쓰는 소중한 시간으로 보내고 있어요. '같은 시간인데 이렇게 다를 수가 있구나' 싶어요."

혼자 있는 시간을 피하는 이유

왜 우리는 혼자 있는 시간을 어려워할까? 무엇보다 내면의 목소리가 두렵기 때문이다. 조용해지면 자꾸 부정적 생각이 올라온다. 자책, 후회, 걱정 같은 마음의 소음이 듣기 싫어서 일

부러 바쁘게 살아가는 경우가 많다. 자신의 진짜 모습과 마주하는 게 두려운 것이다.

다른 사람들과 함께 있을 때는 어떤 역할을 연기할 수 있지만, 혼자 있으면 가면을 벗어야 한다. 그 맨얼굴과 마주하는 게 때로는 매우 부담스럽다.

또한 현대 사회에서는 "바쁨 = 필요한 사람"이라는 등식이 은연중에 사람들 마음에 자리 잡고 있다. 그래서 혼자 있으면 자신이 불필요한 존재같이 느껴지기도 한다. 끊임없이 '가치 있는 존재'임을 증명하고 싶은 마음이 고독을 불편하게 만든다.

여기에 FOMO(Fear Of Missing Out), 즉 '소외'에 대한 두려움도 한몫한다. '다른 사람들은 재미있는 일을 하고 있을 텐데, 나만 혼자 있다'라는 생각에 불안해진다. 또 중독적인 자극에 너무 익숙해진 것도 큰 이유다. 계속 자극을 받는데 길들어서, 자극이 없는 조용한 시간을 견디기 어려워한다.

마치 당분에 중독된 사람이 단맛 없는 음식을 밍밍하게 느끼는 것처럼, 우리도 자극 없는 시간을 무료하고 의미 없게 느끼게 된 것이다. 하지만 이런 불편함을 견디고 고독과 친해질 때, 비로소 진짜 나와 만나고 하나님의 음성도 들을 수 있게 된다.

예수님의 고독한 시간

예수님의 삶을 보면, 고독한 시간이 매우 중요한 역할을 했다. 공생애를 시작하기 전, 예수님은 광야에서 40일을 홀로 보내셨다. 성경은 "예수께서 성령의 충만함을 입어 요단강에서 돌아오사 광야에서 사십 일 동안 성령에게 이끌리시며"(눅 4:1)라고 기록한다. 이는 단순한 금식이 아니라 하나님과 깊은 교제를 통해 사명을 준비하는 시간이었다.

사역이 바빠진 후에도 예수님은 고독한 기도 시간을 놓치지 않으셨다. 아무도 깨지 않은 새벽 시간을 택해 홀로 아버지와 시간을 보내셨다(막 1:35).

심지어 중요한 결정을 앞두셨을 때는 밤을 새우며 홀로 기도하셨다(눅 6:12). 가장 고통스러운 순간인 겟세마네 동산에서도 마찬가지였다. 십자가를 앞둔 그 절박한 순간에도 "얼굴을 땅에 대시고 엎드려 기도하여"(마 26:39)라는 말씀처럼 홀로 아버지와 씨름하셨다.

예수님에게 고독은 피해야 할 게 아니라 아버지와의 깊은 교제, 사명에 대한 명확성, 영적 충전을 위한 필수적인 시간이었다. 사람들 속에서 사역하시되, 홀로 하나님과 보내는 시간을 통해 사역의 방향과 힘을 얻으셨다.

혼자 있을 때 얻는 것

고독한 시간은 우리에게 여러 가지 귀한 선물을 준다. 먼저 자기 이해가 깊어진다. 다른 사람의 시선이나 평가 없이 순수하게 자신을 바라며 내가 진짜 좋아하고, 원하고, 소중히 여기는 것을 발견할 수 있다.

이런 시간이 쌓이면서 창의성도 자연스럽게 발현된다. 뇌과학 연구에 따르면, 아무것도 하지 않을 때 가장 창의적인 아이디어가 떠오른다고 한다. 혼자만의 시간이야말로 창의성을 키우는 최적의 환경인 셈이다.

더 깊은 차원에서는 영적 민감성이 증가한다. 하나님의 음성을 듣는 건 대부분 조용한 시간에 일어난다. 세상의 소음이 없을 때, 비로소 하나님의 세미한 음성을 들을 수 있다.

혼자 있는 시간에 익숙해지면 정서적으로도 안정된다. 다른 사람의 인정이나 관심에 덜 의존하게 되고, 내적 안정감이 자리 잡는다. 무엇보다 진정한 휴식을 경험할 수 있다. 남들에게 보이기 위해 행동하지 않아도 되니까. 있는 그대로의 나로 존재하는 것이 고독이 주는 가장 큰 선물일지도 모르겠다.

고독은 하루아침에 편해지지 않는다. 훈련과 연습이 필요하다. 짧은 시간부터 시작해 보자. 하루 10분씩 스마트폰 끄고 조용히 앉아 있기, 아무것도 하지 않고 창밖 바라보기, 천천히 차 한 잔 마시며 생각하기 같은 것부터 해보자. 처음에는 이 짧은 시간도 불편하지만, 자연스러운 반응이다.

다음 단계는 자극을 차단하는 것이다. 스마트폰 알림을 끄고, TV나 음악 없는 시간을 의도적으로 만들어 집 안에서라도 조용한 공간을 확보해야 한다. 외부 자극을 줄이면서 내면의 소리에 귀 기울일 수 있는 환경을 만든다.

그다음에는 의미 있는 활동을 추가해 보라. 일기 쓰기, 책 읽기(특히 신앙 서적), 음악 없이 산책하기, 기도하기 같은 활동이 고독한 시간을 더 풍성하게 만들어준다. 이런 활동은 단순히 시간을 보내는 게 아니라 자신과의 만남을 깊게 해준다.

익숙해지면 점진적으로 시간을 늘려보자. 30분에서 1시간, 2시간, 반나절로 늘려가면서 주말에는 혼자만의 시간을 계획하고 가끔은 혼자 여행도 시도해 보라.

마지막에는 고독의 깊이를 더해보자. 정기적인 기도 시간을 갖고, 혼자만의 취미를 개발하며, 내 내면과의 대화를 늘려가는 것이다.

준환의 이야기가 좋은 사례다.

"처음에는 10분도 견디기 어려웠는데, 지금은 토요일 오후를 온전히 혼자 보내는 게 일주일 중 가장 기다려지는 시간이 되었어요. 그 시간에 하나님과 대화하고, 책을 읽고, 생각을 정리하다 보면 마음이 정말 평안해져요."

이처럼 고독과 친해지는 건 연습을 통해 충분히 가능하다. 그 열매는 즉각적이고 자극적인 맛은 아니지만, 평양냉면처럼 처음엔 약간 밍밍해도 계속 생각나는 깊은 맛이다.

고독의 다른 모습

고독을 대하는 방식은 사람의 성격에 따라 다를 수 있다. 내향인은 혼자 있는 시간을 좋아한다. 고독을 통해 에너지를 충전하고, 깊이 있는 사고를 선호하며, 소수와 깊은 관계를 추구하는 경향이 있다. 이들에게는 고독이 자연스럽고 필요한 시간으로 느껴진다.

반면, 외향인은 다른 사람들과 있을 때 에너지가 생긴다. 그래서 고독이 어색하고 어려울 수 있다. 말로 생각을 정리하는 경향이 있고, 다양한 관계를 즐기는 특성 때문에 혼자만의 시간을 답답하게 느낄 수도 있다.

하지만 외향인에게도 고독은 꼭 필요하다. 다만 접근 방식이 다를 뿐이다. 완전히 조용한 방에 있는 것보다는 혼자서 산책하기, 카페에 앉아 사람들을 바라보기, 운동하기, 드라이브

하기 같은 방식으로 고독을 경험할 수 있다. 이런 활동은 다른 사람과 직접적인 상호작용은 하지 않으면서도 완전히 격리된 느낌을 주지 않아서, 외향인이 고독에 점진적으로 익숙해지는 데 도움이 된다.

중요한 건, 자신의 성향을 이해하고 그에 맞는 방식으로 고독과 친해지는 것이다. 내향이든 외향이든, 모든 사람에게는 자신만의 시간이 필요하고, 그 시간을 통해 하나님과 만나고 스스로를 돌아볼 수 있기 때문이다.

고독 중의 고독

신앙인에게 고독의 궁극적 의미는 하나님과 개인적 만남을 갖는 것이다.

> 은밀한 중에 계신 네 아버지께 기도하라 은밀한 중에 보시는 네 아버지께서 갚으시리라 마 6:6

하나님은 은밀한 중에 계신 분이다. 사람들의 시선이 없는 곳, 세상의 소음이 멎은 곳에서 우리를 만나길 원하신다.

고독한 시간에 하나님의 음성을 더 선명하게 들을 수 있고,

자신의 영적 상태를 정확히 점검할 수 있는 영적 유익을 누릴 수 있다. 진정한 회개와 성찰이 가능하고, 하나님의 사랑을 더 깊이 체험하며, 영적 분별력도 향상된다. 영성의 거장들은 모두 고독한 시간을 통해 하나님을 더 깊이 만났다.

외로움을 고독으로 바꾸는 핵심은 '관점의 전환'이다. 외로움의 관점에서는 '나는 혼자다. 아무도 나를 원하지 않는다'라고 생각하지만, 고독의 관점에서는 '나는 하나님과 함께 있다. 이 시간은 특별한 선물이다'라고 여긴다. 똑같은 상황이지만 바라보는 시각에 따라 전혀 다른 경험이 된다.

질문도 달라진다. 외로움에 빠진 사람은 '왜 나는 혼자일까'라고 묻지만, 고독을 받아들인 사람은 '이 시간을 어떻게 의미 있게 보낼까'라고 질문한다. 이 차이가 그 시간의 질을 완전히 바꿔놓는다.

행동도 달라진다. 외로움을 느낄 때는 그저 무의미한 활동으로 시간을 보내려고 하지만, 고독을 누릴 때는 자신에게 유익한 활동에 시간을 투자한다. 시간을 회피하지 않고 적극적으로 활용한다.

무엇보다 하나님을 초대하라. "하나님, 이 시간을 함께해주세요"라고 기도하면서 시작하라. 마지막으로 성장 관점으로 바라보라. '이 시간을 통해 어떻게 성장할까?'라는 질문을 던지며, 그 시간을 투자의 관점으로 접근하는 것이다. 이런 작은 관점의 변화가 외로움을 귀한 고독의 시간으로 바꾸어 준다.

혼자 있다고 모두 외로운 건 아니다. 수많은 사람과 함께 있어도 외로울 수 있고, 혼자 있어도 충만할 수 있다. 중요한 건 그 시간을 어떤 마음, 어떤 목적으로 보내느냐이다.

오늘의 마음연습 오늘 혼자일 때 느낀 것을 점검해 보자.

- 혼자 있을 때 주로 어떤 감정을 느끼는가?(불안, 외로움, 평안, 충만함 등)
- 혼자 있는 시간을 피하려는 이유는 무엇인가?
- 지난 한 달간 의미 있게 혼자 보낸 시간이 얼마나 되나?
- 혼자 있을 때, 자주 하는 활동은 무엇인가?(스마트폰, TV, 독서, 기도 등)
- 고독한 시간에 나는 어떤 것을 발견하고 싶은가?

실전 연습 하루 30분씩 스마트폰을 끄고 조용히 자신과 시간을 보내보자. 아무것도 하지 않거나, 간단한 일기를 써도 좋다.

◆ 오늘의 기도 ◆

주님, 저는 혼자 있는 시간을 두려워하며 끊임없는 자극과 사람들과의 만남으로 바쁘게 지냈습니다. 조용한 시간이 불안하고, 부정적 생각이 떠올라 견디기 어려웠습니다. 예수님도 홀로 산에 올라가시고, 광야에서 40일을 보내시며, 새벽마다 한적한 곳에서 기도하신 것을 기억합니다. 고독은 피할 게 아니라 주님과 깊이 만나는 소중한 시간임을 깨닫게 하소서. 고독을 견딜 힘을 주시고, 혼자 있는 시간을 외로움이 아닌 고독으로 경험할 수 있게 도와주세요.

그 시간에 주님과 더 깊이 교제하며, 영적으로 성장하게 하소서. 제 고독한 시간에 함께해주시고 그 시간을 통해 저를 새롭게 하소서. 예수님의 이름으로 기도드립니다. 아멘.

게으름의 진짜 얼굴
: 지친 마음 인정하기

마음이 말하는 것

"나는 정말 게으른 사람인 것 같아요."

한 직장인 집사님이 자책하며 말했다.

"해야 할 일이 많은데 자꾸 미루고, 침대에서 일어나기도 어렵고, 아무것도 하기 싫어요. 예전에는 이렇지 않았는데, 저 자신이 너무 한심해요."

나도 비슷한 경험이 있다. 10여 년 전 갑자기 의욕이 사라지고 모든 일이 무겁게 느껴졌다. 사람들을 돌보고 살리는 일도, 코칭도, 사역도 다 부담스럽고 힘이 안 났다.

그때부터 나를 '게으른 사람'이라고 생각했다.

'이러면 안 되는데…. 내가 필요한 사람들에게 너무 미안하다. 하나님께도 너무나 죄송하다.'

하지만 시간이 지나고 뒤돌아보니 그것은 게으름이 아니었다. 너무 오랫동안 쉬지 않고 달려온 마음과 몸의 자연스러운 신호였다. 마치 과열된 엔진이 냉각 시간이 필요하듯, 내 마음도 휴식이 절실히 필요했다.

어느 날, 친한 친구가 내게 말했다.

"진아, 넌 게으른 게 아니야. 게으름과 지친 건 다른 거야. 게으름은 할 수 있는데 안 하는 거고, 지친 건 하고 싶은데 할 수 없는 거야. 너는 지금 지친 거지, 게으른 게 아니야."

우리 사회는 '게으름'에 대해 많이 오해하고 있다. 일반적인 오해는, 아무것도 안 하고 싶어 하는걸 '게으름'이라고 하고, 의욕이 없는 것을 '의지력 부족'이라고 한다. 늦잠 자는 것을 '나태함'이라고 하고, 일을 미루는 것을 '책임감 없음'이라고 하며, 쉬고 싶어 하는 것을 '나약함'이라고 생각한다.

하지만 게으름처럼 보이는 행동들 뒤에는 다른 원인이 숨어 있다. 번아웃(과도한 스트레스로 인한 에너지 고갈), 우울감(무기력과 흥미 상실), 불안(실패에 대한 두려움으로 인한 회피), 완벽주의(완벽하게 할 수 없으면 아예 시작하지 않음), 방향성 상실(무엇을 해야 할지 모르겠다는 혼란), 신체적 피로(몸의 회복 시간 필요), 감정적 소진(마음의 연료 부족) 등이 있다.

성경이 말하는 진짜 게으름

성경에서 말하는 게으름과 현대인들이 경험하는 '게으름 같은 증상'은 다르다. 잠언에서 말하는 게으른 자(나태한 자)를 보면, "게으른 자는 그 손을 그릇에 넣고도 입으로 올리기를 괴로워하느니라"(잠 26:15)라고 한다. 이는 할 수 있는 능력이 있으면서도 의도적으로 하지 않는 태도를 말한다.

반면, 성경은 쉼의 필요성도 강조한다. "수고하고 무거운 짐 진 자들아 다 내게로 오라 내가 너희를 쉬게 하리라"(마 11:28), "안식일을 기억하여 거룩하게 지키라"(출 20:8)라고 말씀한다. 하나님도 창조 후에 안식하셨다(창 2:2).

번아웃은 장기간 과도한 스트레스로 신체적, 정서적, 정신적 에너지가 고갈된 상태다. 만성 피로, 냉소적 태도, 성취감 상실, 집중력 저하가 나타나며, 과로, 과도한 책임감, 완벽주의, 적절한 휴식 부족이 주요 원인이다.

수진의 경우가 대표적인 사례다. 그녀는 3년 동안 회사에서 야근을 밥 먹듯이 했다. '열심히 해야 인정받는다'라는 생각에 휴가도 제대로 쓰지 않았다. 그러다 갑자기 아침에 일어나기조차 힘들어졌고, 일에 대한 의욕도 완전히 사라졌다. 그녀는 자신을 '게으른 사람'이라고 자책했지만, 실제로는 심각한 번아웃 상태였다.

우울감으로 인한 무기력은 또 다른 모습이다. 일상적인 활동에 대한 흥미나 즐거움이 현저히 떨어지고, 무기력감, 흥미 상실, 에너지 부족, 집중력 저하가 나타난다. 가장 특징적인 것은 '하기 싫다'가 아니라 '할 수 없다'라는 느낌이다. 마음은 움직이고 싶어도 몸과 마음이 따라주지 않는 상태다.

불안으로 인한 회피는 실패나 비판에 대한 두려움 때문에 아예 시작하지 않는 경우다. 미루기, 완벽주의, 과도한 걱정이 나타나며, "못하는 걸 들킬 바에는 아예 안 하겠다"라는 심리가 숨어 있다. 이런 사람들은 능력이 없어서가 아니라 두려움 때문에 멈춰 서는 것이다.

또 방향성 상실로 인한 무기력도 있다. 무엇을 해야 할지, 왜 해야 하는지 모르겠을 때 나타나는 무기력이다. 목표 부족, 의미 상실감, 우선순위 혼란이 나타나며, "뭘 해도 소용없는 것 같아"라는 심리가 깔려 있다. 이런 경우에는 단순한 동기부여보다 삶의 방향을 다시 찾는 것이 더 중요하다.

진짜 쉼 vs 도피성 휴식

'아무것도 안 하기'가 모두 같은 쉼은 아니다. 도피성 휴식은 현실을 잊기 위해 스마트폰, OTT 시청, 게임 등 무의미한 활동에 몰두하는 것이다. 시간은 흐르지만 실제로는 더 피곤해지고, 죄책감과 자책만 남을 뿐 근본적 해결은 되지 않는다.

진짜 쉼은 의식적이고 의도적인 휴식이다. 몸과 마음의 진정한 회복, 에너지가 충전되는 느낌, 죄책감 없이 평안한 마음, 다시 시작할 힘을 얻는 게 특징이다.

민규는 이 차이를 깨달았다.

"예전에는 피곤하면 무작정 유튜브 쇼츠만 봤어요. 그러나 시간만 흘려보내고 더 우울해졌죠. 지금은 피곤할 때 가볍게 산책하거나 음악을 듣고, 좋은 책을 읽어요. 같은 쉬는 시간인데 완전히 다른 결과예요."

내 상태를 정확히 진단해 보라. '나는 지금 정말 게으른 걸까, 아니면 지친 걸까?', '언제부터 이런 증상이 시작되었을까?', '최근에 과도한 스트레스나 변화가 있었을까?', '몸의 신호들은 어떨까?(수면, 식욕, 집중력 등)'를 점검해 보라.

그리고 자책하지 말라. '나는 게으른 사람이야'라는 판단을 중단하고, '지금 내 마음과 몸이 휴식을 필요로 하는구나'를 인정하며, 지침을 나약함으로 보지 말라.

의도적인 휴식을 계획해 보라. 진짜 쉴 수 있는 활동을 찾고,

규칙적인 수면과 식사 패턴을 유지하라. 자연을 느끼는 시간을 갖고, 좋아하는 사람과 의미 있는 시간을 보내라.

작은 것부터 다시 시작해 보라. 큰 목표 말고 아주 작은 일부터 성취할 수 있는 수준에서 시작하고, 완벽하지 않아도 시작한 것 자체를 격려하라. 필요하면 전문적 도움을 구하라. 증상이 2주 이상 지속되면 상담을 고려하고, 신뢰할 만한 사람과 대화하며, 필요시 의료진의 도움을 받아라.

예수님의 의도적인 휴식

예수님도 쉼의 리듬을 가지고 계셨다. 무엇보다 제자들과 함께하는 쉼을 소중히 여기셨다. "너희는 따로 한적한 곳에 가서 잠깐 쉬어라"(막 6:31)라고 말씀하신 것처럼, 바쁜 사역 중에도 의도적으로 쉼의 시간을 만드셨다. 이는 단순히 피곤해서가 아니라 제자들과 깊은 교제를 나누고, 다음 사역을 준비하기 위한 지혜로운 선택이었다.

또한 홀로 기도하는 쉼의 시간을 규칙적으로 가지셨다. "새벽 아직도 밝기 전에 예수께서 일어나 나가 한적한 곳으로 가사 거기서 기도하시더니"(막 1:35). 아무도 방해하지 않는 새벽 시간을 택해 아버지와의 영적 충전 시간을 가지셨다. 이런 시간이 있었기에 종일 사람들을 섬기는 사역이 가능했던 것이다.

예수님은 친구들과의 편안한 쉼도 즐기셨다. 마리아, 마르다, 나사로의 집에서 보내신 시간이 그 예다. 그곳에서는 메시아가 아닌 한 사람의 친구로서 따뜻한 환대를 받으며 마음 놓고 쉬셨을 것이다.

중요한 것은 예수님의 쉼이 게으름이 아니었다는 점이다. 오히려 더 나은 사역을 위한 지혜였다. 쉼을 통해 영적으로 충전되고, 관계가 깊어지며 하나님의 뜻을 분별하는 시간을 가지셨다. 우리도 예수님처럼 쉼을 죄책감의 대상이 아닌, 필수적인 영적 훈련으로 여길 필요가 있다.

많은 사람이 쉬면서도 죄책감을 느낀다. '다른 사람들은 열심히 하는데 나만 쉬고 있어. 이 시간에 뭔가 생산적인 일을 해야 하는데', '게으른 사람으로 보이진 않을까? 시간을 낭비하고 있는 것 같아' 같은 생각 때문이다.

죄책감에서 벗어나려면 '쉼도 하나님이 주신 권리이자 책임이고, 적절한 휴식은 더 나은 성과를 위한 투자'라는 관점을 가져야 한다. 지친 상태로 억지로 하는 일은 비효율적이다. 자신을 돌보는 것도 하나님께서 맡기신 청지기 역할임을 알아야 한다.

죄책감 없이 쉬는 실제 방법은, 쉼의 시간을 미리 확보하고 일

정에 넣어두기, "나는 지금 회복을 위해 필요한 시간을 보낸다"라고 선언하기, 쉬는 동안에는 일에 관한 생각을 의도적으로 차단하기, 쉼 후에 더 나은 상태가 되었을 때의 경험을 기억하는 것이다.

건전한 활동 리듬 만들기

게으름을 극복하는 최고의 방법은 건전한 리듬을 만드는 것이다. 일과 쉼의 균형을 맞추는 것부터 시작해 보라. 일주일에 하루는 완전히 쉬고, 하루 중에도 작은 휴식 시간을 의도적으로 배치하라. 그리고 계절마다 더 긴 휴식을 미리 계획해 두면, 쉼이 죄책감의 대상이 아니라 삶의 자연스러운 일부가 된다. 규칙적인 쉼이 있을 때 오히려 일할 때 더 집중할 수 있다.

에너지 관리도 중요하다. 자신의 에너지 패턴을 파악해 보라. 아침형인지 저녁형인지, 언제 가장 집중이 잘 되는지 알아보라. 에너지가 높은 시간에 중요한 일을 배치하고, 낮을 때는 가벼운 일이나 휴식하는 식으로 하루를 설계하면 훨씬 효율적이다. 억지로 안 되는 시간에 중요한 일을 하려다 보면 자꾸 미루게 되고, 게으름처럼 느껴진다.

저녁형 인간인데 요즘 유행한다는 '미라클 모닝'을 한다고 도전했다가 스트레스만 받고 지친 사람을 많이 만났다. 자신의 에너지 패턴을 아는 건 정말 중요하다.

무엇보다 의미 있는 활동을 선택하는 게 핵심이다. 내가 진짜 원하는 일인지 점검해 보고, 남의 기대가 아닌 내 가치관에 맞는 선택을 하는 것이다. 아무리 작은 성취라도 의미를 부여하고 자신을 격려하는 습관을 만들어보라. 사람은 재미와 의미를 느낄 때, 자연스럽게 동기가 생기고, 동기가 있으면 게으름은 저절로 사라진다. 결국 게으름의 반대는 바쁨이 아니라 '재미와 의미 있는 삶의 리듬'이다.

당신이 '게으르다'라고 느끼는 그 마음은 '지쳐 있다'라는 신호일 수 있다. 자신을 정죄하지 말라. 대신 지금 당신의 마음과 몸이 무엇을 필요로 하는지 들어보라. 진정한 쉼이 필요한지, 다른 방향을 찾아야 하는지, 아니면 작은 시작이 필요한지.

게으름과 지친 건 다르다. 나태함과 회복도 다르다. 하나님도 쉬셨고, 예수님도 쉬라고 하셨다. 쉼은 죄가 아니라 지혜다.

'나는 게으른 사람'이라는 자책 대신 '나는 지금 회복이 필요한 사람'이라고 말해보자. 그리고 죄책감 없이 당신에게 필요한 진정한 쉼을 가져보라. 당신의 게으름 속에 숨겨진 지친 마음을 하나님께서 어루만져주실 것이다.

오늘의 마음연습 나의 게으름을 다시 해석해 보라.

- 최근 내가 '게으르다'라고 느꼈던 순간은 언제인가?
- 그런 증상이 언제부터 시작되었는가? 특별한 스트레스나 변화가 있었는가?
- 지금 내 몸과 마음이 보내는 신호는 무엇인가?(피로, 무기력, 집중력 저하 등)
- 나는 진짜 쉼을 취하고 있는가, 아니면 도피성 휴식인가?
- 죄책감 없이 쉴 수 있는 활동은 무엇일까?

> 실전 연습 이번 주에 하루는 '의도적인 쉼의 날'로 정해보라. 해야 할 일을 미리 정리하고, 그날은 온전히 회복을 위한 시간으로 보내보자.

◆ 오늘의 기도 ◆

주님, 저 자신을 '게으른 사람'이라고 정죄했습니다. 의욕이 없고 무기력할 때마다 '나는 왜 이렇게 나약한가' 자책했습니다. 하지만 오늘 제가 게으른 게 아니라 지쳐 있었다는 걸 알았어요. 오랫동안 쉬지 않고 달려오느라 마음과 몸의 회복이 절실했던 거지요.

수고하고 무거운 짐 진 자들을 쉬게 하시는 주님께 제 지친 마음을 맡겨드립니다. 제자들에게도 "잠깐 쉬어라" 하신 주님이,

제게도 진정한 쉼을 허락해 주세요. 죄책감 없이 쉴 수 있는 마음을 주시고, 도피가 아닌 회복의 시간을 가질 수 있게 도와주세요. 그리고 그 쉼을 통해 다시 새로운 힘으로 주님께서 맡기신 일을 감당할 수 있게 하소서. 예수님의 이름으로 기도드립니다. 아멘.

DAY 16

완벽주의 내려놓기
: 잘하려는 마음이 나를 아프게 할 때

마음이 말하는 것

"나는 완벽하게 하지 못하면 견딜 수 없이 힘들어요. 일도 완벽한 보고서가 나올 때까지 몇 번이고 다시 쓰고, 마음에 안 들면 밤새우기 일쑤예요. 그러다 지쳐서 아예 포기하고 싶을 때도 있어요."

나 역시 완벽주의 늪에서 헤어나지 못해 고생했던 시간이 있다. 강의를 준비할 때는 '이 정도로는 안 돼', 책을 쓸 때는 '더 완벽한 답을 줘야 해', 코칭할 때는 '더 완벽하게 도와야 해' 심지어 기도할 때도 '이런 마음으로는 하나님께 기도하면 안 돼'라고 생각했다. 또 약속 시간에 1분이라도 늦으면 나 자신을 심하게 자책했다.

완벽하게 하고 싶은 마음 자체는 나쁜 것이 아니다. 하나님께 최선을 다하고 싶고, 사람들에게도 좋은 모습을 보여주고 싶은 마음은 자연스러운 반응이다. 문제는 이런 마음이 지나쳐서 오히려 나 자신을 옭아매고 괴롭힐 때가 있다는 것이다.

그런데 하나님의 은혜를 경험하면서 서서히 깨달았다.

'하나님은 완벽함을 원하시는 게 아니라 진실함을 원하시는구나. 완벽한 삶보다 내 모습 그대로의 진실한 고백이 하나님의 마음에 닿는구나.'

내가 추구했던 완벽함은 하나님을 위한 게 아니라 내 자존심, 욕망, 욕심을 위한 것임을 알게 되었다.

완벽주의의 두 얼굴

완벽주의는 양면성이 있다. 건전한 완벽주의는 높은 기준을 추구하지만, 상황에 따른 융통성이 있다. 실수를 학습과 성장의 기회로 보고, 과정에서 만족과 기쁨을 찾는다. 또 완벽하지 않아도 결과를 수용하고, 자신을 격려하며 지지할 수 있다.

신경증이 있는 완벽주의는 완벽하지 않으면 아무 가치가 없다고 여긴다. 실수를 용납 못 하고, 과정보다 결과에만 집착하며, 항상 부족하다고 느끼고, 자신을 끊임없이 비판하고 질책한다. 문제가 되는 건 두 번째 유형이다. 이런 완벽주의는 실제로는 완벽함을 방해하는 요소다.

은지는 신경증적 완벽주의로 고생했다.

"리포트를 쓸 때, 첫 문장이 완벽하지 않으면 아예 시작을 못했어요. 그러다 결국 마감일이 다가와서 급하게 대충 쓰게 되고, 그런 자신이 또 싫어지는 악순환이 계속되었어요. 또 강의 시간에 조금이라도 늦으면 강의실에 못 들어가면서 학교에 다니는 게 더욱 어려워졌어요."

완벽주의는 어디서 올까? 가장 큰 원인 중 하나는 어린 시절의 조건부 사랑이다. "완벽해야만 사랑받는다"라는 메시지를 받으며 자란 경우가 많다. "1등 해야 자랑스럽다", "실수하면 혼난다", "다른 친구들보다 잘해야 한다"라는 말을 반복해서 들으면서, 아이는 자신의 존재 자체가 아니라 성과로만 사랑받을 수 있다고 학습하게 된다.

실패에 대한 두려움도 완벽주의를 만드는 주요 원인이다. 실패를 단순한 결과가 아니라 전인격적 실패로 받아들이게 된다. '한 번 실패하면 모든 게 끝이야. 완벽하지 않으면 거절당할 거야'라는 생각이 마음 깊이 자리 잡으면, 실패할 가능성이 조금이라도 있는 일은 아예 시도하지 않게 된다.

자존감이 외적인 것에만 의존하는 것도 문제다. 성과로만 자신의 가치를 평가하는 사람들은 '잘해야만 가치 있는 사람이야. 인정받아야만 존재할 이유가 있어'라고 생각한다. 이런 경우, 완벽함이 자신의 정체성을 지키는 유일한 방법처럼 느낀다.

통제 욕구도 완벽주의와 밀접한 관련이 있다. 모든 상황을 완벽하게 통제하고 싶은 마음에서 '모든 변수를 다 고려해야 해. 예상치 못한 일은 일어나면 안 돼'라고 생각한다.

지민의 이야기가 이를 잘 보여준다. 그녀는 어린 시절을 회상하며 말했다.

"어머니가 시험지의 틀린 문제만 보셨어요. 한 문제라도 틀리면 '너는 왜 이 문제를 틀렸니? 최선을 다하지 않았구나?'라고 하셨죠. 그래서 성인이 된 지금도 불안하고 99퍼센트 잘해도 1퍼센트 부족함만 보게 돼요."

이처럼 완벽주의는 하루아침에 생기는 게 아니라 오랜 시간에 걸쳐 형성된 마음의 패턴인 경우가 많다.

완벽주의는 역설적으로 우리가 원하는 것과 정반대의 결과를 가져온다. 완벽함을 추구하지만, 오히려 불완전해진다. 너무 오래 고민하다가 시간을 놓치고, 작은 실수도 용납하지 못해서 전체를 포기하며, 시작조차 못 하고 미루게 된다.

높은 성과를 원하지만, 오히려 성과가 떨어진다. 과도한 스트레스로 능력이 저하되고, 창의성과 융통성을 상실하며, 번아웃으로 지속할 힘을 잃는다.

인정받고 싶지만 오히려 관계가 악화한다. 다른 사람에게도 완벽함을 요구하고, 비판에 과민하게 반응하며, 완벽한 모습만 보여주려다 진실성을 상실하고 만다.

행복해지고 싶지만 오히려 불행해진다. 항상 부족하다고 느끼고, 현재를 즐기지 못하고 미래에만 집중하며, 뭔가 성취해도 만족하지 못하고 금세 다음 목표에 집착한다.

하나님의 완벽함 vs 인간의 완벽주의

하나님은 완벽하신 분이지만, 우리에게 완벽함을 요구하지 않으신다. 그분의 완벽함과 인간의 완벽주의는 전혀 다른 개념이다. 사랑 안에서의 완전함, 성품의 완전함, 목적의 완전함 그리고 과정까지 포함하는 완전함이다. 반면, 인간의 완벽주의는 행위의 완벽함만 추구하고, 결과에 집착하며, 실수를 용납하지 않고, 과정은 무시하는 특징을 보인다.

성경이 말하는 하나님의 기준을 살펴보면 이 차이가 더욱 명확해진다.

> 그러므로 하늘에 계신 너희 아버지의 온전하심과 같이 너희도 온전하라 마 5:48

"온전"은 완벽한 행위를 의미하는 게 아니라 사랑의 완전함을 뜻한다. 하나님처럼 원수까지도 사랑하는 그런 사랑의 완전함 말이다.

> 내 은혜가 네게 족하도다 이는 내 능력이 약한 데서 온전하여짐이라 고후 12:9

하나님의 능력은 우리가 완벽할 때가 아니라 약할 때 완전하게 나타난다. 이는 인간의 완벽주의와는 정반대 개념이다.

> 의인은 일곱 번 넘어질지라도 다시 일어나려니와 잠 24:16

완벽함이 아니라 회복력이 의로움의 특징이라고 말한다. 넘어지지 않는 게 아니라 넘어져도 다시 일어나는 것, 실수하지 않는 게 아니라 실수해도 다시 시작하는 것이 하나님이 원하시는 모습이다.

결국 하나님의 완전함은 우리를 압박하는 기준이 아니라 은혜 안에서 성장할 수 있는 희망의 기준이다. 완벽주의의 무거운 짐을 내려놓고, 하나님의 사랑 안에서 자유롭게 성장해 나가는 것이 진정한 온전함이다.

완벽주의의 함정

완벽주의는 여러 함정을 만든다. 가장 흔한 것이 완벽한 타이밍 기다리기이다. '모든 조건이 완벽할 때 시작하겠어'라고 하면 영원히 시작하지 못한다. 완벽한 계획을 세우려는 것도 마찬가지다. '모든 변수를 다 고려해서 계획을 세우겠어'라고 하면 계획 세우기에만 시간을 다 보낸다.

완벽한 준비를 하려는 함정에 빠지면 '완벽하게 준비된 후에 시작하겠어'라고 하면서 준비만 하다가 정작 기회를 놓치고, 완벽한 결과를 추구하면 '완벽하지 않으면 내놓지 않겠어'라고 하면서 결국 아무것도 완성하지 못한다.

하연의 이야기가 이를 잘 보여준다.

"책을 쓰고 싶어서 2년 동안 자료를 모았어요. '완벽한 책을 쓰겠다'라고 다짐하면서요. 하지만 결국 한 줄도 쓰지 못했어요. 완벽한 첫 문장이 떠오르지 않았거든요."

완벽함을 추구하다가 시작조차 못 하는 사람을 많이 만난다. 하지만 완벽주의를 버린다고 해서 대충하자는 게 아니다. 완벽주의를 '탁월함을 추구하는 마음'으로 바꾸는 것이다. 이 둘은 비슷해 보이지만 완전히 다른 개념이다.

완벽주의는 실수를 용납하지 않지만, 탁월함은 실수에서 배운다. 완벽주의는 결과에만 집중하지만 탁월함은 과정도 중요시하고, 완벽주의는 'All or Nothing'(모든 게 아니면 아무것도 아니다)라는 사고를 갖지만 탁월함은 점진적 개선을 추구한다.

완벽주의는 자기 비판적이지만 탁월함은 자기 격려적이고, 완벽주의는 경직된 사고를 갖지만 탁월함은 유연한 생각을 한다. 완벽주의는 완성을 계속 미루지만 탁월함은 일단 시작하고, 완벽주의는 혼자서 모든 걸 하려 하지만 탁월함은 필요할 때 도움을 요청한다.

탁월함을 추구하는 실제 방법을 살펴보면, 먼저 '충분히 좋은' 기준을 설정한다. 80퍼센트면 일단 시작하거나 공유한다. 그리고 반복적 개선을 통해 완벽한 1.0보다 점진적으로 발전하는 버전 2.0, 3.0을 추구한다. '실수는 배움의 기회'라는 관점으로, 과정을 즐기며 결과뿐만 아니라 과정에서도 의미를 찾는다. 마지막으로 피드백을 환영하면서 완벽하지 않음을 인정하고 개선점을 기꺼이 받아들이는 자세를 갖는다.

이렇게 하면 완벽주의의 무거운 짐에서 벗어나 진정한 성장을 경험할 수 있다.

완벽주의를 내려놓는 실제 연습

'이 정도면 충분하다'라는 연습부터 시작해 보자. 오늘 할 일 중 하나를 80퍼센트 수준에서 완료하고 제출해 보는 것이다. 그리고 '완벽하지 않지만, 지금은 이 정도면 충분해'라고 스스로에게 말해보라. 처음에는 불안할 수 있지만, 생각보다 별일 없음을 경험하게 될 것이다.

'실수 일기'를 써보는 것도 좋은 방법이다. 매일 한 가지씩 실수를 기록하고, 배운 점을 적어보자. 실수를 부끄러워하지 않고 성장의 증거로 바라보는 연습을 하는 것이다. 실수가 쌓일수록 배움도 쌓인다는 걸 경험하게 된다.

'시간제한'을 두는 것도 효과적이다. 특정 작업에 시간제한을 두고, 그 안에서 최선을 다한 후, 시간이 다 되면 완벽하지 않아도 일단 마무리한다. 이렇게 하면 무한정 수정하고 미루는 습관을 깰 수 있다.

'도움 요청' 연습도 중요하다. 혼자서 모든 것을 완벽하게 하려 하지 말고 다른 사람의 도움을 받아보라. '완벽하지 않은 나'를 다른 사람에게 보여주는 것도 용기가 필요하지만, 오히려 더 진실한 관계를 만들어준다.

혜주의 변화가 이를 잘 보여준다.

"예전에는 프레젠테이션을 100번도 더 수정했는데, 지금은 20번 정도 수정하고 발표해요. 그런데 더 자연스럽고 진실하다는 피드백을 받아요."

완벽주의를 내려놓으니 오히려 더 좋은 결과를 얻게 된 것이다. 이런 작은 연습이 모여서 완벽주의의 무거운 짐에서 자유로워지는 길을 만들어준다.

하나님 앞에서의 불완전함

신앙인에게 완벽주의는 특히 위험할 수 있다. 하나님 앞에서도 완벽해 보이려 하기 때문이다. 완벽주의적 신앙의 문제를 보면, 죄를 고백하기 두려워한다(완벽한 크리스천이어야 한다는 압박). 기도할 때도 완벽한 말을 하려고 하고, 다른 사람 앞에서 연약함을 보이지 못하며, 은혜보다 행위에 집중한다.

> 하나님께서 구하시는 제사는 상한 심령이라 하나님이여 상하고 통회하는 마음을 주께서 멸시하지 아니하시리이다 시 51:17

하나님은 우리의 완벽함보다 진실함을 원하신다. 우리의 상한 마음, 부족한 모습 그대로 나아오기를.

다윗은 "주께 내 죄를 아뢰고 내 죄악을 숨기지 아니하였더니"(시 32:5)라고 완벽함을 포장하지 않고 솔직하게 고백했다. 바울은 "내가 원하는 바 선은 행하지 아니하고 도리어 원하지 아니하는 바 악을 행하는도다"(롬 7:19)라고 자신의 불완전함을 숨기지 않았다.

완벽주의를 내려놓는다고 해서 대충 살자는 게 아니다. 오히려 더 자유롭고 창의적으로, 진실되고 의미 있게 살자는 것이다.

하나님은 당신의 완벽함이 아니라 진실함을 원하신다. 당신의 부족함을 통해서도 하나님의 완전함을 드러내실 수 있기 때문이다. 완벽하지 않아도 괜찮다. 실수해도 괜찮다. 부족해도 괜찮다. 그것이 인간이니까.

오늘부터 '완벽하게 해야 해'라는 압박 대신 '최선을 다하되 결과는 하나님께 맡기자'라는 마음으로 살아가자. 잘하려는 마음이 당신을 아프게 하지 않도록, 그 마음을 탁월함을 추구하는 건전한 동기로 바꿔가라. 당신의 불완전함도 하나님께는 완전한 사랑의 대상이다.

오늘의 마음연습 나의 완벽주의 성향을 점검해 보라.

- 내가 완벽하게 하려고 애쓰는 영역은 무엇인가?(일, 관계, 외모, 신앙 등)
- 완벽하지 못할 때 느끼는 감정은 무엇인가?(불안, 분노, 자책, 실망 등)
- 완벽주의 때문에 시작하지 못했거나 포기한 일이 있는가?
- 완벽주의가 자신과 타인에게 미치는 부정적 영향은 무엇일까?
- '충분히 좋은' 수준에서 만족할 수 있는 영역은 무엇일까?

실전 연습 이번 주에 한 가지 일을 80퍼센트 수준에서 완료하고 제출해 보라. 그리고 '완벽하지 않지만 충분히 좋다'라고 스스로에게 말하라.

◆ 오늘의 기도 ◆

주님, 그동안 모든 것을 완벽하게 하려고 애쓰며 자신을 괴롭혔습니다. 완벽하지 않으면 가치가 없다고 생각하고, 실수를 용납하지 못하며, 조금 부족한 것도 견디기 어려워했지요. 하지만 주님은 제 완벽함을 원하시는 게 아니라 진실함을 원하신다는 걸 깨닫습니다. 주님의 능력은 제 약함을 통해 온전하게 나타난다고 하셨어요.

제 불완전함을 부끄러워하지 않게 하시고, 실수를 통해서도 배우고 성장할 수 있게 해주세요. 완벽주의의 압박에서 벗어나 탁월함을 추구하는 마음으로 바꿔주소서. '충분히 좋은' 수준에서도 감사할 수 있게 하시고, 과정에서도 기쁨을 찾을 수 있게 도와주세요. 제 부족함도 주님께는 완전한 사랑의 대상임을 믿고 살아가게 하소서. 예수님의 이름으로 기도드립니다. 아멘.

무기력과 싸우지 않기

: 아무것도 하기 싫은 날엔

마음이 말하는 것

"요즘 아무것도 하기 싫어요."

한 청년이 무표정한 얼굴로 말했다.

"아침에 일어나기도 싫고, 사람 만나기도 싫고, 심지어 좋아하던 일도 재미가 없어요. 제가 이상한 건가요? 왜 이렇게 의욕이 없을까요?"

요즘 많은 사람이 이런 고민을 이야기한다. 모든 것이 무의미하게 느껴진다고. 일상생활도, 자녀 양육도, 심지어 교회 봉사조차 의무처럼 느낄 때가 있다. '혹시 번아웃일까? 우울증일까?' 스스로 진단해 보기도 하지만 명확하지 않다.

그래서 무기력한 자신과 싸우려고 한다.

'크리스천이 이러면 안 되지. 더 열심히 해야 해. 기도를 더

많이 하면 회복될 거야.'

하지만 싸우면 싸울수록 무기력은 더 깊어져만 간다. 무기력과 싸우지 말아야 한다. 사실 무기력은 제거해야 할 적이 아니라, 우리 영혼이 쉼을 요청하는 신호일 수 있다. 그 신호를 한번 들어보라. 마음이 보내는 중요한 메시지일 수 있다.

무기력은 '감정이나 관심이 없는 상태', '무관심한 태도'를 말한다. 이는 단순히 게으름이나 의욕 부족과는 다르다. 평소 좋아하던 일에 흥미가 사라지고, 기쁨도 슬픔도 잘 느껴지지 않는다. 에너지나 동기도 현저히 줄어들고, 미래에 대한 희망이나 기대도 사라진다. 뭔가 결정하기도 어렵고, 사람들과 만나는 것도 거부한다.

무기력은 마치 집의 전기 브레이커 같다. 전력 과부하가 걸리면 안전을 위해 자동으로 전기가 차단되듯, 마음도 과부하가 걸리면 자신을 보호하기 위해 무기력 상태로 들어간다.

수지가 이런 경험을 나눠주었다.

"평소에 좋아하던 드라마도 재미없고, 친구들과의 만남도 귀찮고, 심지어 맛있는 음식을 먹어도 맛이 없었어요. 마치 세상이 흑백으로 바뀐 것 같았죠."

무기력은 여러 요인이 복합적으로 작용해서 나타난다. 심리적으로는 만성 스트레스가 큰 역할을 한다. 오랫동안 지속된 압박감과 긴장, 우울감이 정서적 에너지를 고갈시킨다. 반복된 실패나 기대의 좌절, 삶의 목적이나 방향성 혼란, 감당하기 어려운 과도한 책임감도 원인이다.

신체적으로는 갑상샘이나 부신 등의 호르몬 불균형, 수면 부족이나 수면 장애가 있을 수 있다. 비타민 D나 B_{12} 결핍 같은 영양 불균형, 운동 부족으로 인한 에너지 저하, 당뇨나 심장병 같은 만성 질환도 무기력을 불러올 수 있다고 한다.

환경적으로는 일조량이 부족한 겨울철의 계절성 변화, 의미 있는 관계의 부족으로 인한 사회적 고립이 있다. 반복적이고 의미 없어 보이는 단조로운 일상, 미디어나 SNS를 통한 과도한 정보 노출도 무기력을 가져올 수 있다.

무기력의 영적 의미

기독교 영성에서는 무기력이 중요한 영적 의미를 갖기도 한다. 16세기 영성가 십자가의 성 요한이 말한 '영혼의 밤'이라는 개념이 있다. 영적 성장 과정에서 경험하는 영적 건조함과 무기력을 말한다.

성경에도 무기력을 경험한 인물들이 나온다. 엘리야는 큰 승리 후에 로뎀 나무 아래 앉아서 "여호와여… 지금 내 생명을 거두시옵소서"(왕상 19:4)라고 했다. 요나도 하나님의 뜻과 자신의 기대가 다를 때 "사는 것보다 죽는 것이 내게 나음이니이다"(욘 4:3)라고 했다. 다윗은 "밤마다 눈물로 내 침상을 띄우며"(시 6:6)라고 고백했다.

하지만 이들의 무기력은 단순한 나약함이 아니라 하나님과 더 깊은 만남으로 이어지는 과정이었다.

보통 우리는 무기력을 '이겨내야 할 것'으로 생각하지만, 무기력과 정면으로 싸우면 더 깊은 무력감에 빠지기 쉽다. '의지력을 발휘해서 극복하자. 더 열심히 하면 될 거야', '이런 기분을 떨쳐버려야 해. 나약한 것 같아서 부끄러워', '빨리 원래 상태로 돌아가야 해' 같은 접근은 효과가 없다.

대신, 무기력과 함께하는 방식이 더 효과적이다. '지금 내 마음이 이런 상태구나'라고 수용하고, '내 마음이 뭔가를 말하려고 하는 건 아닐까?'라고 경청해 보라. '지금은 쉬어야 할 때인가?'라고 해석하고, '이 시간도 의미가 있을 거야'라고 신뢰하며, '천천히 회복하면 돼'라고 인내하는 것이다.

무기력할 때 도움이 되는 것

무기력과 싸우지 않으면서도 회복을 돕는 방법이 있다. 먼저 기본적인 '자기 돌봄'이 중요하다. 일정한 시간에 자고 일어나고, 간단하더라도 규칙적으로 먹고, 산책이나 스트레칭 정도의 가벼운 운동을 해보라. 하루 20~30분 정도 햇볕을 쬐고, 충분히 물을 마시는 것도 도움이 된다. 탈수는 무기력을 더 심하게 만든다.

마음의 짐을 덜어내는 것도 필요하다. 할일을 줄이고 꼭 필요한 것만 남겨두라. 완벽주의를 내려놓고 '충분히 좋은' 수준으로 만족하는 것이다. 남들의 기대에 부응하려는 부담도 덜고, SNS 이용 시간도 줄여보라.

의미 있는 연결도 중요하다. 믿을 만한 사람과 대화하고, 혼자 견디려 하지 말라. 필요하면 상담사나 의사, 영성 지도자 같은 전문가의 도움도 받아라. 다른 사람을 돕는 작은 행동이나, 반려동물이나 자연과의 교감도 도움이 된다.

이때는 거창한 기도보다는 "하나님, 도와주세요" 같은 단순한 기도를 해보라. 성경도 긴 본문보다는 한두 구절을 깊이 묵상하고, 찬양을 직접 부르기 힘들면 듣기만 해도 좋다. 그리고 아주 작은 것이라도 감사해 보라.

무기력한 시간은 하나님이 우리에게 중요한 것을 가르쳐주시는 때다. 먼저 겸손을 배우는 시간으로, '내가 모든 것을 통제할 수 없다'라는 걸 깨닫게 해준다. 그리고 하나님을 향한 의존을 배우며 '나 혼자서는 할 수 없다'라는 걸 인정하게 한다. 또 우선순위를 정리하는 시간으로 '정말 중요한 것이 무엇인가'를 생각해 보게 한다. 마지막으로 '내가 아무것도 못 해도 하나님은 나를 사랑하신다'라는 걸 깨닫고, 쉼의 중요성을 체득하게 된다.

많은 사람이 무기력한 시간을 보낸 후 말한다.

"그때는 정말 힘들었지만, 지나고 보니 그 시간이 제게 가장 중요한 것을 가르쳐줬어요. 성과보다 관계가, 성취보다 평안이 더 중요하다는 걸 알게 되었지요."

무기력에서 회복하는 건 급작스럽게 일어나지 않는다. 마치 새벽이 서서히 밝아오듯 점진적으로 진행된다. 회복의 신호를 알아차리면, 작은 일에도 흥미를 느끼고, 미래에 대한 계획을 조금씩 세우게 된다. 또한 다른 사람과의 만남이 부담스럽지 않고, 감정의 폭이 조금씩 넓어진다. 의사결정도 이전보다 훨씬 쉬워진다.

회복을 돕는 방법으로는 아주 작은 일이라도 완성하고 스스로 격려하는 '작은 성취 실행하기'가 있다. 새로운 책이나 음악, 새로운 장소 같은 자극도 좋고, 그림 그리기나 악기 연주, 요리 같은 창의적 활동도 도움이 된다. 다른 사람을 위한 작은 선행이나 새로운 기술이나 지식을 배우는 것도 좋다.

무기력의 예방과 관리

무기력을 완전히 피할 수는 없지만 빈도를 줄이고 정도를 완화할 수는 있다. 무기력이 오기 전에 미리 정기적으로 쉬고, 적절한 스트레스 해소 방법이 있어야 한다. 어려울 때 도움받을 수 있는 관계를 만들고, 너무 크거나 작지 않은 적절한 목표를 설정하자. 규칙적인 운동과 수면, 식사 같은 건강한 생활 습관도 중요하다.

무기력을 잘 관리하려면 초기 신호를 빨리 알아차리고, 심해지기 전에 적절한 조처를 해야 한다. 필요할 때는 상담이나 치료도 받고, 무기력도 삶의 일부로 수용하는 장기적 관점을 가져보라. '마음 관리'라고 하면 보통 어렵게 생각하는데 몸 관리처럼 한다고 생각하면 쉽다. 몸이 한순간에 좋아지기를 기대하지 않듯 마음도 마찬가지다. 아프기 전, 건강할 때 관리해야 한다.

무기력은 싸워서 이기는 게 아니라 함께 걸어가며 배우는 것이다. 아무것도 하기 싫은 날이 와도 괜찮다. 그건 당신이 약해서가 아니라 인간이기 때문이다. 그런 날들조차 하나님의 계획 안에 있다.

무기력과 싸우지 말라. 대신 그것이 당신에게 전하는 메시지를 들어보라. 쉬라는 신호일 수도 있고, 방향을 바꾸라는 안내일 수도 있으며, 더 중요한 것에 집중하라는 초대일 수도 있다.

엘리야도 로뎀 나무 아래서 무기력했지만, 하나님은 그를 버리지 않으시고 새로운 사명으로 인도하셨다. 당신의 무기력한 시간도 새로운 시작을 위한 준비일 수 있다. 조급해하지 말고 이 시간이 주는 선물을 발견해 보라.

> **오늘의 마음연습** 나의 무기력을 이해해 보자.

- 최근에 아무것도 하기 싫었던 때가 있는가? 언제부터 그런 기분이 들었는가?
- 그때 무기력에 어떻게 대처했나?(싸우려 했는지, 수용했는지)
- 무기력할 때 나를 더 괴롭히는 생각은 무엇인가?('게으르다', '의지력이 부족하다' 등)
- 무기력한 시간이 내게 전하려는 메시지는 무엇일까?(쉼, 방향

전환, 우선순위 재정립 등)

- 무기력할 때 도움이 된 활동이나 사람이 있는가?

> **실전 연습** 무기력을 느낄 때 '지금 내 마음이 뭔가를 말하려고 하는구나. 무엇이 필요한 걸까?'라고 자문해 보라.

◆ 오늘의 기도 ◆

주님, 가끔 아무것도 하기 싫고 모든 것이 무의미하게 느껴질 때가 있습니다. 그때마다 자신을 책망하며 억지로 무기력과 싸우려 했어요. 하지만 주님, 엘리야도 로뎀 나무 아래에서 무기력했고, 다윗도 깊은 절망의 시간을 보냈음을 기억해요. 그런 그들을 주님은 버리지 않으시고 오히려 위로하시며 새로운 힘을 주셨습니다.

제 무기력도 주님의 계획 안에 있음을 믿습니다. 이 시간을 통해 주님이 제게 가르치고 싶으신 게 무엇인지 들을 수 있는 귀를 주세요. 무기력과 싸우지 않고 그것이 전하는 메시지를 들을 수 있게 하시고, 필요한 쉼과 회복을 허락해 주세요. 예수님의 이름으로 기도드립니다. 아멘.

DAY 18

죄책감 다루기

: 건전한 양심과 독성 죄책감 구분하기

마음이 말하는 것

"코치님, 나는 용서받을 자격이 없는 것 같아요."

한 성도가 눈물을 흘리며 말했다.

"몇 년 전에 저지른 실수가 자꾸 생각나요. 하나님께 용서를 구해도 마음이 편하지 않아요. 정말 용서받은 걸까요, 아니면 제가 너무 큰 죄를 지은 건가요?"

나도 오랫동안 죄책감에 짓눌려 살던 경험이 있어서 이런 마음에 정말 공감한다. 살면서 저지른 수많은 실수, 완벽하지 못했던 순간이 계속 나를 따라다니며 괴롭혔다.

특히 나도 모르게 누군가에게 상처를 주었거나, 인정받고 싶은 사람의 기대에 부응하지 못했을 때, 또는 기준에 미치지 못했을 때 찾아오는 죄책감은 참으로 견디기 어려웠다.

'하나님을 믿는 내가 이러면 안 되는데, 하나님께 죄송하다.'

이런 생각이 끊임없이 머릿속을 맴돌았다. 그러나 죄책감과 회개는 다르다. 회개는 하나님께로 향하게 하는데, 죄책감은 자신에게만 집중하게 만든다. 진정한 회개 후에도 계속되는 죄책감은 성경에서 말하는 사단의 공격일 수 있다. 우리는 건전한 양심의 소리와 파괴적인 죄책감을 구분해야 한다.

건전한 양심 vs 독성 죄책감

죄책감에는 두 종류가 있다. 하나는 우리를 하나님께로 이끄는 건전한 양심이고, 다른 하나는 우리를 파괴하는 독성 죄책감이다. 건전한 양심은 구체적인 잘못을 정확히 알게 한다. 하나님과의 관계 회복에 초점을 맞추고, 회개 후에는 평안함을 가져다준다. 변화와 성장을 끌어내고, 미래지향적이다. 그 순간은 정말 아프지만 '앞으로 어떻게 살 것인가'에 집중하게 하고, 하나님의 사랑 안에서 책임감을 느끼게 해준다.

반면, 독성 죄책감은 막연하고 전반적인 자기 정죄를 하게 한다. 자기 처벌과 자기혐오에 집착하고, 계속해서 마음을 무겁게 만든다. 위축과 절망을 가져다주며, 과거에 매여 있게 만들고, 두려움과 수치심에 기반한 부담을 준다.

이는 바울이 구분한 두 종류의 근심을 보면 차이가 더 명확해진다.

> 하나님의 뜻대로 하는 근심은 후회할 것이 없는 구원에 이르게 하는 회개를 이루는 것이요 세상 근심은 사망을 이루는 것이니라
> 고후 7:10

독성 죄책감은 어디서 올까? 완벽주의가 가장 큰 원인 중 하나다. 실수하면 안 된다는 비현실적 기대, '한 번의 실수가 모든 것을 망친다', '완벽하지 않으면 사랑받을 수 없다'라는 생각이 끊임없는 죄책감을 만들어낸다. 이런 생각은 실제로는 불가능한 기준을 자신에게 강요하면서 계속 자신을 괴롭힌다.

과도한 책임감도 큰 문제다. 모든 걸 자기 탓이라고 생각하고, 다른 사람의 감정까지 책임져야 한다고 여기며, 심지어 통제할 수 없는 일까지 자신의 책임이라고 생각한다. 이런 사람은 자신의 영향력을 과대평가하면서 불필요한 죄책감을 떠안는다.

조건부 사랑의 경험도 깊은 상처를 남긴다. 어린 시절에 들은 "착해야 사랑받는다"라는 메시지는 '잘못하면 버림받는다'라는 두려움과 '사랑을 얻기 위해서는 완벽해야 한다'라는 믿

음을 갖게 한다. 이는 성인이 되어서도 계속 죄책감을 느끼게 만드는 뿌리가 된다.

성경이 말하는 죄와 용서

성경은 죄와 용서에 대해 명확하게 말씀한다. 인간의 본성에 대해 현실적으로 진단한다. "만일 우리가 죄가 없다고 말하면 스스로 속이고 또 진리가 우리 속에 있지 아니할 것이요"(요일 1:8). 완벽한 사람은 없다는 사실이다.

하나님의 용서는 완전하다. "만일 우리가 우리 죄를 자백하면 그는 미쁘시고 의로우사 우리 죄를 사하시며 우리를 모든 불의에서 깨끗하게 하실 것이요"(요일 1:9). 조건부가 아닌 완전한 용서다.

죄책감에서 자유를 말한다. "그러므로 이제 그리스도 예수 안에 있는 자에게는 결코 정죄함이 없나니"(롬 8:1). 정죄 받지 않는 자유다.

과거로부터의 해방도 말한다. "그런즉 누구든지 그리스도 안에 있으면 새로운 피조물이라 이전 것은 지나갔으니 보라 새것이 되었도다"(고후 5:17). 과거에 매이지 않는 새로운 정체성이다.

용서받을 수 없는 죄는 없다. 많은 사람이 자신의 죄가 너무 커서 용서받을 수 없을 거라고 생각한다. 하지만 성경은 다르게 말씀한다. 죄인들이 용서받은 이야기가 있다.

다윗은 간음과 살인을 저질렀지만, 진심으로 회개했을 때 하나님이 용서해 주셨다.

> 하나님이여 주의 인자를 따라 내게 은혜를 베푸시며 주의 많은 긍휼을 따라 내 죄악을 지워 주소서 시 51:1

바울은 기독교도를 핍박하고 죽이는 일에 앞장섰지만, 하나님의 은혜로 사도가 되어 "죄인 중에 내가 괴수니라"(딤전 1:15)라고 고백했다. 베드로는 예수님을 세 번 부인했지만 용서받고 교회의 기둥이 되었다. 십자가 위의 강도는 생전에 회개할 기회가 거의 없었지만 마지막 순간의 회개로 구원받았다.

성경에는 "너희의 죄가 주홍 같을지라도 눈과 같이 희어질 것이요"(사 1:18), "동이 서에서 먼 것같이 우리의 죄과를 우리에게서 멀리 옮기셨으며"(시 103:12)라고 약속한다.

건전한 회개 과정을 보면, 먼저 "내가 잘못했다"라고 죄를 인정한다. 그다음에 "하나님, 용서해 주세요"라고 고백하며 용서를 확신한다. 그리고 '앞으로는 다르게 살며 나로 인한 피해자가 있다면 사과하고 책임지고 보상하겠다'라고 결심한다. 회개와 사과, 보상을 실행한 후에는 주님 안에서 평안을 누린다.

병적인 죄책감의 악순환도 있다. 죄를 과도하게 확대하여 '내 죄는 너무 크다. 나는 정말 나쁜 사람이야'라고 끝없이 자책한다. 그리고 '정말 용서받았을까?' 하며 의심한다. 반복적으로 사과하며 지속적으로 불안해한다. 벌받을 것 같은 두려움이 있기 때문이다.

혜민은 이 둘의 차이를 경험했다.

"예전에는 회개해도 계속 불안했어요. '진짜 용서받았을까?', '또 같은 실수를 하면 어떡하지?' 하면서요. 하지만 지금은 회개한 후에 '하나님께서 용서해 주셨으니까 돌이키고, 이제 새롭게 시작하자'라고 생각해요."

죄책감을 다루는 실제적 방법

1단계: 죄책감의 종류 구분하기

먼저 구체적인 잘못에 대한 양심의 소리인지, 아니면 막연한 자기 정죄인지 살펴보자. 그리고 이것이 하나님께로 향하게 하는지, 아니면 자신만 바라보게 하는지도 점검해 보라. 건강한 죄책감은 하나님께로 이끌어 회개와 회복을 가져오지만, 독성 죄책감은 자기 정죄와 절망만 남는다.

2단계: 회개해야 할 죄라면 회개하기

구체적인 죄가 있다면 하나님께 솔직하게 고백하는 게 중요하다. 가능하다면 피해를 본 사람에게 사과하고 배상하며, 같은 실수를 반복하지 않겠다고 진심으로 결심하라. 이는 진정한 회개의 열매이자, 치유의 과정이다.

3단계: 용서의 확신 갖기

하나님의 약속의 말씀을 마음에 새기고 "하나님이 용서해 주셨다"라고 담대히 선언하는 것이다. 과거에 매여 있지 말고 하나님이 주시는 새로운 미래에 집중하라. 용서받았다는 확신이 없으면 계속 죄책감의 늪에 빠져 있게 되기 때문이다.

4단계: 사단의 고소 거부하기

이미 하나님께 회개하고 용서받은 일을 계속 들춰내며 정죄하는 게 사단의 전략이다. "이미 해결된 일을 왜 계속 들춰내느냐"라고 단호하게 대응하고, 죄책감을 주는 생각을 진리의 말씀으로 대항하라. "그리스도 안에서 정죄함이 없다"라는 로마서 8장 1절의 약속을 기억하며, 사단의 거짓에 속지 말라.

5단계: 새로운 정체성으로 살기

자신을 '죄인'으로 규정하지 말고 '용서받은 하나님의 자녀'로 살라. 과거의 실수와 실패가 아닌, 현재 하나님이 베풀어 주시는 은혜에 집중하는 것이다. 그리고 하나님께 용서받은 만큼 다른 사람도 용서하는 마음을 가져보라. 죄책감의 사슬에서 완전히 자유로워질 수 있다.

독성 죄책감의 해독제는 하나님의 사랑에 대한 묵상이다. "하나님이 세상을 이처럼 사랑하사"(요 3:16)라는 말씀처럼, 하나님의 사랑은 조건부가 아닌 무조건적 사랑이다. 우리가 잘해서 사랑받는 게 아니라, 그냥 사랑받는 것이다. 이 진리를 마음 깊이 받아들일 때, 죄책감의 뿌리가 뽑히기 시작한다.

예수님의 십자가를 묵상하는 것도 중요하다. 십자가는 이미 모든 죗값이 완전히 지불되었다는 증거다. 추가로 지불할 게 없고, 더 이상 죄책감으로 자신을 괴롭힐 필요가 없다는 사실을 보여준다. 예수님이 "다 이루었다"라고 선언하신 순간, 우리의 모든 죄책감도 함께 해결된 것이다.

성령님의 위로하심을 기억하는 것도 큰 도움이 된다. "보혜사 곧 아버지께서 내 이름으로 보내실 성령"(요 14:26)이라는 말씀처럼, 성령님은 우리를 책망하시는 분이 아니라 위로하시는 분이다. 죄책감으로 우리를 괴롭히는 건 성령님의 음성이 아니다.

새로운 정체성을 선포하는 것도 필요하다. "나는 하나님의 사랑받는 자녀다", "나는 의롭다 하심을 받은 자다", "나는 새로운 피조물이다"라고 선포해 보라. 우리의 정체성은 과거의 실수가 아니라, 하나님이 주신 새로운 신분에 근거해야 한다.

무엇보다 하나님의 관점, 곧 은혜의 관점으로 전환하는 게 중요하다. 내가 얼마나 잘못했는지가 아니라 하나님이 얼마나 나를 사랑하시는지를 생각하고, 내 부족이 아니라 하나님의 크신 은혜를 묵상하라.

과거의 실패에 머물지 말고 하나님이 주시는 현재의 기회에 집중하는 것이다. 이런 관점의 전환이 죄책감의 독을 중화시키고, 자유롭고 건강한 신앙생활을 가능하게 만든다.

다른 사람의 죄책감 덜어주기

우리가 죄책감에서 벗어나면 자연스럽게 다른 사람의 무거운 마음도 덜어줄 수 있게 된다. 누군가가 실수를 털어놓을 때 "네가 좀 그렇구나"라고 반응하면 그는 더욱 고립감을 느끼지만, "누구나 그럴 수 있어"라고 말해주면 보편적 경험으로 받아들이게 도울 수 있다. 이런 작은 표현의 차이가 상대의 마음에 안전감을 주며, 죄책감을 덜어준다.

더 중요한 건 은혜의 관점을 제시해 주는 것이다. 이미 알고 있는 잘못을 "네가 잘못했어"라고 다시 지적하기보다는 "하나님이 너를 용서하셨어"라고 말해주면서 문제보다는 해결책에 초점을 맞추게 하라. 그리고 "과거에 매여 있지 마"라고 하면 오히려 과거가 더 생각날 수 있으니, "이제 회개하고 돌이켜 새롭게 시작하면 돼"라고 희망과 가능성을 바라보게 도와주는 게 좋다.

무엇보다 혼자 죄책감을 감당하게 하지 말고 함께 기도하고 격려하며 동행하는 게 중요하다. "네가 알아서 해결해"가 아니라 "함께 이겨내자"라는 마음으로. 이런 공동체적 회복이 개인적 치유보다 훨씬 강력하고 지속적인 힘을 발휘한다. 결국 우리가 받은 은혜를 나누는 것이야말로 진정한 치유의 완성이라고 할 수 있다.

죄책감과 후회는 때로 필요하고 유익하지만, 용서 후에도 계속되는 독성 죄책감은 해롭다. 예수 그리스도의 십자가로 모든 죄는 이미 해결되었다. 당신이 느끼는 지나친 죄책감은 하나님으로부터 온 게 아니다.

용서해도 괜찮다. 아니, 용서해야 한다. 자신을 용서하는 것도 하나님의 용서를 온전히 받아들이는 것이다. 과거에 매여 있지 말라. 하나님은 당신을 새로운 피조물로 만드셨다. 어제의 죄책감이 오늘의 은혜를 가리지 못하게 하라.

당신은 이미 용서받은 하나님의 사랑하는 자녀다. 그 사실을 믿고 자유함 속에서 살아가라.

오늘의 마음연습 나의 죄책감을 점검해 보라.

- 나를 괴롭히는 죄책감이 있는가? 구체적인 잘못에 대한 것인가, 막연한 자기 정죄인가?
- 회개하고 돌이켰지만, 죄책감을 느끼는 일이 있는가?
- 그것이 나를 하나님께로 향하게 하는가, 자신에게 집중하게 하는가?
- '용서받을 수 없을 것 같다'라고 생각하는 일이 있는가?
- 하나님의 용서를 온전히 믿고 받아들이는 걸 방해하는 건 무엇인가?

> **실전 연습** 하나님께 이미 고백한 죄에 대해 죄책감이 올라올 때마다 "이미 해결된 일이야. 하나님이 용서해 주셨어"라고 말해 보라.

◆ 오늘의 기도 ◆

주님, 저는 많은 죄책감에 시달려왔습니다. 이미 주님께 고백하고 용서받은 일도 계속 저를 괴롭혔고, 때로는 '용서받을 수 없을 것 같다'라는 생각에 절망하기도 했습니다. 하지만 말씀에 "그리스도 예수 안에 있는 자에게는 결코 정죄함이 없다"라고 하셨어요. 죄를 자백하면 모든 불의에서 깨끗하게 하신다고 약속하셨습니다. 파괴적인 죄책감이 주님에게서 오는 게 아님을 깨닫게 하소서. 건전한 양심의 소리와 파괴적인 죄책감을 구분할 수 있게 도와주세요.

이미 돌이키고 용서받은 죄에 대해 더 이상 죄책감을 느끼지 않게 하시고, 주님이 주신 자유함과 평안함을 누리게 하소서. 자신을 용서하는 것도 주님의 용서를 온전히 받아들이는 것임을 믿습니다. 과거에 매이지 않고 새로운 피조물의 정체성으로 살게 도와주세요. 예수님의 이름으로 기도드립니다. 아멘.

part 3.

깊어지는 자기 이해

DAY 19

용기 내기

: 두려움을 껴안고 내딛는 한 걸음

마음이 말하는 것

한 청년이 고백했다.

"나는 너무 겁이 많아요. 새로운 일에 도전하고 싶어도 실패할까 봐 무서워서 못 하겠어요. 사람들 앞에서 발표하는 것도, 새로운 사람을 만나는 것도, 심지어 하나님도 두려워서 피하게 돼요. 언제까지 이렇게 살아야 할까요?"

나도 늘 두려움이 많았다. 그런데 살아가며 조금씩 깨달았다. 내가 기다리고 있던 것은 '두려움이 완전히 사라지는 순간'이었다는 걸. 하지만 그런 순간은 오지 않았다. 용기 있는 사람도 두려워한다는 걸 알게 되면서 비로소 이해했다. 다만 그들은 두려워도 한 걸음을 내디뎠다. 용기는 두려움이 없는 게 아니라 두려움이 있어도 하나님을 믿고 나아가는 것이고, 두려움이 왔을 때 더욱 주님을 의지하는 것이다.

이제 나는 매 순간 두려움을 없애려 하지 않고, 두려움과 함께 걸어간다. 두려움이 올 때마다 주님을 부른다. 그러다 보니 주님과 더 가까워졌다.

우리는 용기에 대해 많은 오해를 하고 있다.

첫 번째 용기 있는 사람은 두렵지 않다

하지만 그들도 두려워한다. 단지 두려움에도 불구하고 행동할 뿐이다.

두 번째 용기는 타고난다

실제로는 근육처럼 훈련으로 기를 수 있다.

세 번째 용기가 큰일에만 필요하다

일상의 작은 일에도 필요하다.

네 번째 실패하면 용기가 부족한 것이다

실패해도 시도한 것 자체가 용기다.

마지막으로 용기는 혼자 내는 것이다

실제로는 하나님과의 관계, 사람과의 연결에서 나온다.

진짜 용기는 두려움이 없는 상태가 아니라, 두려움을 느끼면서도 옳은 일을 선택하고, 불확실함 앞에서도 한 걸음을 내딛는 것이다.

민주는 "나는 용기 있는 사람들은 무서운 게 없는 줄 알았어요. 그런데 제가 존경하는 선배가 '나도 떨리지만, 그래도 해야지' 하며 교회에서 리더로 봉사하는 걸 보고 깨달았어요. '용기는 두렵지 않은 게 아니라 두려워도 하는 거구나' 하고요."

두려움은 적인가, 친구인가?

두려움은 본래 우리를 보호하기 위한 감정이다. 위험을 감지하고 피하도록 돕는 생존 본능이다. 사자가 앞에 나타났는데 두렵지 않고 평안하면 어떨까. 우린 아마 사자 배에 들어가 있을 것이다. 두려울 때는 두려워해야 한다. 하지만 현대 사회에서는 실제 위험이 있는 일이 아닌데도 과도하게 두려움이 작동하는 경우가 많다.

건전한 두려움은 실제 위험에 대한 합리적 반응으로, 우리를 보호하고 준비하게 만들며 신중함과 지혜로운 판단을 도와준다. 그리고 적절한 선에서 멈춘다. 반면, 과도한 두려움은 상상 속 위험에 대한 과민 반응으로, 성장과 도전을 막고 움츠러들게 만들어 고립시키며 삶을 통제하고 지배한다.

두려움에는 여러 종류가 있다. 실패의 두려움으로 '잘못되면 어떡하지?'라고 생각하고, 거절의 두려움으로 '받아들여지지 않으면 어떡하지?'라고 걱정한다. 판단의 두려움으로 '사람들이 뭐라고 할까?' 하고, 미지의 두려움으로 '어떻게 될지 모르겠어'라고 불안해하며, 상실의 두려움으로 '잃으면 어떡하지?'라고 겁을 낸다.

성경 속 용기 있는 사람들

성경에는 두려움을 안고도 용기를 낸 사람들의 이야기가 가득하다.

모세는 핑계가 많은 지도자였다. "주여 나는 본래 말을 잘하지 못하는 자니이다"(출 4:10)라고 했지만, 결국 하나님을 믿고 바로 앞에 섰다. 기드온도 "주여 내가 무엇으로 이스라엘을 구원하리이까 보소서 나의 집은 므낫세 중에 극히 약하고 나는 내 아버지 집에서 가장 작은 자니이다"(삿 6:15)라고 했지만, 하나님은 그를 "큰 용사"라고 부르셨고, 기드온은 순종했다.

골리앗 앞에 선 소년 다윗은 "너는 칼과 창과 단창으로 내게 나아오거니와 나는 만군의 여호와의 이름 … 하나님의 이름으로 네게 나아가노라"라고 선언했다(삼상 17:45). 다윗도 무서웠을 텐데, 하나님을 의지했다. 에스더는 "나도 … 규례를 어기고 왕에게 나아가리니 죽으면 죽으리이다"(에 4:16)라며 목숨을 걸어야 하는 상황에서도 민족을 위해 용기를 냈다. 베드로는 "배에서 내려 물 위로 걸어서 예수께로 가되 바람을 보고 무서워 빠져 가는지라"(마 14:29,30)라는 말씀처럼 정말 무서웠지만, 그래도 물 위에 발을 디뎠다. 이들에게는 두려움보다 더 큰 하나님을 향한 신뢰가 있었다는 공통점이 있다.

성경이 말하는 용기의 궁극적 근원은 하나님이 함께하신다는 확신이다. 하나님이 여호수아에게 "강하고 담대하라"라고 말씀하셨다. 그만큼 두려워할 만한 상황이었기 때문이다.

> 내가 네게 명령한 것이 아니냐 강하고 담대하라 두려워하지 말며 놀라지 말라 네가 어디로 가든지 네 하나님 여호와가 너와 함께하느니라 수 1:9

용기의 공식은 '하나님의 임재＋하나님의 약속'이다. 하나님의 임재는 "내가 너와 함께하리라"이고, 약속은 "내가 너를 지키고 인도하리라"이다. 예수님도 격려해 주셨다. 예수님이 이미 승리하셨기 때문이다.

> 세상에서는 너희가 환난을 당하나 담대하라 내가 세상을 이기었노라 요 16:33

용기 내는 훈련

용기는 단번에 생기지 않는다. 작은 용기를 내는 연습을 통해 점점 큰 용기를 낼 수 있다.

용기의 근육 키우기를 단계별로 연습해 볼 수 있다.

1단계: 일상적 용기

모르는 사람에게 길 물어보기, 카페에서 새로운 메뉴 주문하기, 엘리베이터에서 처음 보는 사람과 인사하기, 주문이 잘못 나왔을 때 정중히 말하기.

2단계: 관계에서의 용기

친구에게 서운함 표현하기, 도움이 필요할 때 부탁하기, 의견이 다를 때 자기 생각 말하기, 칭찬이나 감사 표현하기.

3단계: 도전하는 용기

새로운 취미나 기술 배우기, 공개적인 장소에서 발표하기, 새로운 환경이나 그룹에 참가하기, 창의적인 작품이나 글 공유하기.

4단계: 소명에서의 용기

하나님의 부르심에 순종하기, 어려운 상황에도 옳은 일 선택하기, 약자를 위해 목소리 내기, 복음 전하기.

아정은 단계적 연습을 통해 변화했다.

"처음에는 샌드위치 가게에서 메뉴를 추가 요청하는 것도 떨렸어요. 하지만 작은 것부터 연습하니까 점점 자신감이 생겼고, 지금은 예전처럼 떨리진 않아요."

용기는 두려움을 없애는 게 아니라 두려움과 함께 걷는 것이다. 그것을 대하는 새로운 관점을 가져보라. 두려움은 내가 뭔가 중요한 일을 하려고 한다는 신호이며, 내가 성장하고 있다는 증거다. 나를 더 신중하고 준비되게 만드는 도구이며, 하나님을 더욱 의지하게 만드는 기회다. 용기를 낼만 한 이유가 없다면 두려움도 없을 것이다.

두려움과 함께 걷는 방법이 있다. 먼저 '지금 무서워하고 있구나' 하고 인정하라. 그리고 그 메시지를 들어보라. '뭘 걱정하는 거지?'라고 현실적으로 평가해 보고, '정말 그럴 가능성이 얼마나 될까?'라고 최악의 상황을 준비해 보며, '정말 그렇게 되면 어떻게 할까?'를 생각해 본 다음에 "주님, 함께해주세요"라고 하나님께 맡겨드리라.

그리고 한 걸음 내딛어라.

"그래도 해보자!"

실패를 두려워하지 않기

용기를 막는 큰 장애물 중 하나는 실패에 대한 두려움이다. 실패에 대한 새로운 관점을 가져보라. 배움의 기회이고 성공으로 가는 과정이다. 실패해도 내 가치는 변하지 않고, 하나님은 그런 나도 사랑하신다.

성경 속에 '실패한' 사람들이 많다. 아브라함은 거짓말을 했지만 믿음의 조상이 되었고, 야곱은 속임수를 썼지만, 하나님과 겨루어 이긴 이스라엘이 되었다. 베드로는 예수님을 부인했지만, 교회의 반석이 되었다. 하나님은 완벽한 사람이 아니라 회개하고 순종하는 사람을 사용하신다.

'실패 이력서' 만들기 연습을 해보자. 실패 경험을 적고, 그를 통해 배운 것을 적어보라. 실패가 얼마나 소중한 배움의 기회였는지 깨달을 것이다.

용기를 주는 말씀과 공동체

두려울 때마다 기억할 수 있는 하나님의 약속이 있다.

- 하나님의 함께하심에 대한 약속

  두려워하지 말라 내가 너와 함께함이라

놀라지 말라 나는 네 하나님이 됨이라

내가 너를 굳세게 하리라 참으로 너를 도와주리라

참으로 나의 의로운 오른손으로 너를 붙들리라 사 41:10

• 하나님의 능력에 대한 약속

내게 능력 주시는 자 안에서 내가 모든 것을 할 수 있느니라

빌 4:13

• 하나님의 계획에 대한 약속

여호와의 말씀이니라 너희를 향한 나의 생각을 내가 아나니

평안이요 재앙이 아니니라 너희에게 미래와 희망을

주는 것이니라 렘 29:11

• 하나님의 보호에 대한 약속

이는 그가 너를 새 사냥꾼의 올무에서와 심한 전염병에서

건지실 것임이로다 시 91:3

• 하나님의 승리에 대한 약속

그런즉 이 일에 대하여 우리가 무슨 말 하리요

만일 하나님이 우리를 위하시면 누가 우리를 대적하리요 롬 8:31

용기는 혼자 내는 게 아니다. 서로 격려하고 지지해주는 공동체가 필요하다. 용기를 주는 관계가 있다. 멘토는 앞서간 사람으로서 격려와 조언을 해주고, 동역자는 함께 걷는 이로서 동행과 지지를 해준다. 후배는 뒤따르는 사람으로서 책임감을 느끼고, 가족은 무조건적 사랑과 지지를, 공동체는 서로를 위한 기도와 격려를 해준다.

용기를 나누는 방법도 있다. 자신의 두려움과 용기 낸 경험을 나누고, 다른 사람의 도전을 응원하고 격려하며, 기도하고 서로를 위해 중보하며, 작은 성공도 축하하는 것이다.

오늘의 마음연습 나의 용기 근육을 점검해 보자.

- 내가 가장 두려워하는 건 무엇인가?(실패, 거절, 판단, 미지의 상황 등)
- 두려움 때문에 피하거나 미룬 일이 있는가? 과거에 용기를 내서 도전한 경험이 있다면, 그때 무엇이 도움이 되었는가?
- 지금 하나님이 내게 용기를 내라고 하시는 영역이 있는가?
- 내게 용기를 주는 사람은 누구인가? 말씀은 무엇인가?

> **실전 연습** 작은 용기를 내는 연습 1단계부터 시작해서 점진적으로 도전해 보라. "하나님이 함께하신다"라고 스스로에게 말하라.

◆ 오늘의 기도 ◆

주님, 저는 두려움 때문에 많은 기회를 놓쳤습니다. 실패할까, 거절당할까, 사람들이 뭐라고 할까 봐 두려워 안전한 곳에만 머물려고 했습니다. 하지만 주님, 용기는 두려움이 없는 게 아니라 두려워하면서도 주님을 믿고 나아가는 것임을 알았습니다. 모세, 기드온, 다윗, 에스더도 두려웠지만 주님을 의지하고 순종했지요.

주님이 저와 함께하신다는 확신을 갖도록 도와주세요. 제가 어딜 가든 함께해주소서. 주님이 저를 위하시면 누가 대적할 수 있습니까! 작은 용기부터 시작해 큰 용기를 내도록 도와주세요. 주님의 부르심을 피하지 않고, 두려움과 함께 걸으며 주님께 순종하는 사람이 되게 하소서. 예수님의 이름으로 기도드립니다. 아멘.

상처와 화해하기
: 과거와 평화롭게 공존하기

마음이 말하는 것

"몇십 년 전 일인데도 자꾸 생각나서 괴롭습니다. 어떻게 해야 할까요? 부모님이 상처 주는 말을 했던 일, 친구가 배신했던 일을 잊고 싶은데 가끔 떠올라서 화가 나고 아파요. 이미 지난 일인데 왜 영향을 받을까요?"

한 권사님이 힘겨운 표정으로 말했다. 나도 내면의 오래된 상처가 많다. 어린 시절 부모님의 다툼, 어머니의 아픈 표정, 친구의 아픈 말, 동료의 날 선 비판. 이미 지난 일인데도 불현듯 떠올라 마음을 휘저어 놓곤 했다.

처음에는 '지난 일을 왜 자꾸 생각하지?' 하며 애써 무시하려 했다. '용서해야지, 사랑해야지, 잊어버려야지' 하며 의지로 누르려 했지만, 상처가 사라지지 않았다. 오히려 더 깊숙한 곳에

박혀서 예상치 못한 순간에 더 큰 고통을 주었다.

이런 상처의 고통이 너무 커서 코칭을 하게 되었는지도 모르겠다. 평생 이 영역을 공부하고 사람들을 도우면서 깨달았다. 상처는 무시하거나 억누르는 게 아니라 그것과 평화롭게 공존하는 법을 배워야 한다는 걸. 그때부터 나는 상처를 적으로 여기지 않고, 인생의 일부로 받아들이고 함께 사는 법을 배우기 시작했다.

어떤 일은 시간이 지나도 왜 계속 우리를 아프게 할까? 상처에는 특성이 있다. 믿었던 사람에게서 받은 예상치 못한 배신이나 내 중심이 부정당하는 정체성에 대한 공격이 특히 깊은 상처를 남긴다. 아무것도 할 수 없던 상황에서 느낀 무력감이나 같은 패턴이 여러 번 반복된 상처도 마찬가지다. 상처를 준 사람이 잘못을 인정하지 않아서 사과를 받지 못한 경우는 더욱 오래 아프다.

상처가 계속 아픈 이유도 있다. 그때 제대로 표현하지 못한 감정이 남아 있거나 '나는 사랑받을 가치가 없어' 같은 왜곡된 의미 부여를 했을 때다. 계속 그 상황을 되새김질하는 반복적 반추나 상처를 외면하려다 더 깊이 박히는 회피와 억압도 문제가 된다. 진정한 용서를 하지 못한 채 억지로 넘어가려 하는 것도 마음을 더 오래 아프게 만든다.

미연은 "고등학교 때 가장 친한 친구가 제 비밀을 다른 친구들에게 말한 일이 있었어요. 벌써 15년이 지났는데도 가끔 생각나면 가슴이 답답해져요. 왜 이렇게 오래 아플까 싶어요"라고 말했다.

상처와 싸우지 말고 대화하기

많은 사람이 상처를 '이겨내야 할 것'으로 생각한다. 하지만 상처와 싸우면 종종 더 큰 상처를 입는다. 싸우는 방식은 비효과적이다.

'이미 지난 일이야, 생각하지 마', '빨리 잊어버려야 해', '이런 걸로 상처받으면 안 돼', '나약하게 굴지 마', '용서했으니까 더 이상 아프면 안 돼.'

이렇게 접근하면 상처가 더 깊어진다. 대신 상처와 대화하는 방식을 시도해 보라.

'지금도 아프구나, 그때 정말 힘들었지?', '그 상처가 내게 무엇을 말하고 있을까?', '그 경험이 지금 내게 어떤 의미일까?', '그 아픔을 통해 내가 배운 건 무엇일까?', '이제 그 상처와 어떻게 함께 살아갈까?'

상처를 적이 아니라 대화 상대로 생각하는 것이다. 마음 아픈 친구를 위로하듯 나를 위로해 보자.

모든 상처에는 의미가 있다. 그것을 찾으면 상처는 더 이상 우리를 파괴하지 않고, 오히려 가르침을 주어 성장시키는 도구가 된다. 상처가 주는 선물도 있다. 먼저 '공감 능력'이 생긴다. 아픔을 경험한 사람은 타인의 아픔을 잘 이해한다.

> 우리의 모든 환난 중에서 우리를 위로하사 우리로 하여금 하나님께 받는 위로로써 모든 환난 중에 있는 자들을 능히 위로하게 하시는 이시로다 고후 1:4

'내적 강함'을 얻을 수도 있다. 어려움을 견뎌낸 경험으로 내적 근육이 단단해진다.

> 다만 이뿐 아니라 우리가 환난 중에도 즐거워하나니 이는 환난은 인내를, 인내는 연단을, 연단은 소망을 이루는 줄 앎이로다 롬 5:3,4

고난이 있을 때, 내 한계를 경험할 때 하나님을 더 깊이 찾게 된다. 현지는 과거의 상처를 이렇게 해석했다.

"어린 시절, 아버지의 무관심이 너무나 아팠어요. 하지만 지금 생각해 보니, 그 경험이 저를 더 따뜻한 엄마로 만들어주었어요. 제 아이들에게는 그런 상처를 주지 않으려고 더 공부하고 훈련하는 엄마가 되었거든요."

용서의 진정한 의미

상처와 화해하는 핵심은 '용서'다. 하지만 많은 사람이 오해하고 있다. 용서는 상대의 잘못을 없던 일로 만드는 게 아니고, 상대와 다시 친하게 지내야 하는 것도 아니다. 상처받은 감정을 느끼지 않는 것도 아니며, 상대가 사과하기를 기다리는 것도 아니다. 한 번 용서하면, 다시는 아프지 않은 것도 아니다.

진정한 용서는 '복수하지 않기로 선택하는 것'이다. 그를 하나님의 손에 맡기고, 상처가 나를 계속 지배하지 못하게 하는 것이다. 그의 잘못을 내 정체성으로 삼지 않으며, 과거에 묶이지 않고 미래로 나아가는 것이다. 용서는 과정이다. 한 번에 완성되는 게 아니라 여러 번 선택해야 하는 지속적인 여정이다.

여기에는 구체적인 용서의 단계가 필요하다.

1단계: 상처 인정하기

'나는 상처받았다'라고 솔직하게 인정하는 것이다. '그때 정말 아팠구나'라고 인정하고, 상처받았음을 받아들인다. 그 감정을 억누르지 말고 충분히 느껴보는 시간도 필요하다.

2단계: 내게 무엇을 가르쳐주는지 성찰하기

'이 상처를 통해 내가 얻은 것은 무엇일까?', '이제 나는 어떤 사람이 되었나?'를 깊이 생각해 보라.

3단계: 내 안의 아이를 치유하기

상처받은 내면의 아이에게 '그때 네가 느낀 감정은 당연해', '네 잘못이 아니야', '내가 보호해 줄게'라고 따뜻하게 말해주어라.

4단계: 용서 선택하기

상대방을 위해서가 아니라 나를 위해 용서하는 것이다. 더이상 이 상처가 나를 지배하지 못하게 하겠다고 결정하고, 그것을 하나님께 맡겨라.

5단계: 새로운 이야기 써보기

이젠 피해자가 아닌 생존자로서의 정체성을 갖고, 상처받은 경험을 성장의 자산으로 재해석하며, 미래에 대한 새로운 비전과 희망을 품어보라.

내면 아이 돌보기와 재발하는 상처 다루기

많은 상처가 어린 시절에 시작된다. 그 상처를 치유하려면 내 안의 아이를 돌봐야 한다. 내면의 아이와 대화해보라.

"그때 얼마나 무서웠을까?", "혼자서 참느라 얼마나 힘들었니?", "어른들이 너를 지켜주지 못해서 미안해", "이제 내가 너를 사랑하고 보호해 줄게."

내면 아이 치유 연습도 해보라. 어린 시절 사진을 보며 그때의 내게 따뜻한 말을 해주고, 그 아이가 좋아했을 만한 것을 해주자. 놀이나 음식, 장소를 찾아가는 것처럼 말이다. 무엇보다 하나님 아버지의 사랑으로 그 아이를 품어주자.

내 마음의 어린아이를 멀리 보내지 말고, 예수님에게 데려가 돌봄을 받게 해주자.

상처와 화해했다고 해서 아프지 않은 건 아니다. 가끔 예상치 못한 순간에 다시 떠오를 수 있다. 그것을 자연스러운 과정으로 받아들여라.

"아, 또 생각났구나. 괜찮아"라고 자신에게 말하라. '용서했는데 왜 또 아프지?' 하며 자책하지 말고, 진전된 부분을 인정해 보자. '예전보다는 덜 아프네'라고 말이다. 그리고 다시 선택하라. '그래도 용서하기로 했으니까'라고 하면서 현재에 집중해 보자. '지금 여기서 내가 할 수 있는 일은 뭐지?'라고 생각해 보는 것이다.

상처는 파도와 같다. 큰 파도가 왔다가 잦아들고, 또 작은 파도가 와도 다시 잦아든다. 파도를 막으려 하지 말고 그냥 지나가도록 두면 된다.

상처를 통한 사역

치유된 상처는 다른 사람을 돕는 멋진 동료가 된다. 헨리 나우웬은 '상처받은 치유자'라는 말을 했다. 자신의 상처를 치유한 사람이 다른 사람의 상처를 더 잘 치유할 수 있다는 의미다.

상처를 통한 섬김의 예를 보면, 이혼의 아픔을 겪은 사람이 이혼 가정을 돕는 사역을 하거나, 우울증을 극복한 사람이 정신건강 사역을 하는 것, 중독에서 회복한 사람이 중독자들을 돕고, 학교폭력 피해자가 상처받은 아이들을 위로하는 것 같은 일이다.

한 목사님은 어린 시절의 학교폭력 경험을 이렇게 승화했다.

"그때는 너무 아팠지만, 지금은 그 경험이 제 사역의 밑거름이 되었어요. 그래서 상처받은 아이들의 마음을 더 잘 알고 보듬으며 사역할 수 있었습니다."

예수님도 상처를 받으셨다. 그리고 그 상처가 우리의 치유가 되었다.

> 그가 찔림은 우리의 허물 때문이요 그가 상함은 우리의 죄악 때문이라 그가 징계를 받으므로 우리는 평화를 누리고 그가 채찍에 맞으므로 우리는 나음을 받았도다 사 53:5

부활하신 예수님도 상처 자국을 그대로 가지고 계셨다. 상처를 지우신 게 아니라 그것을 영광으로 바꾸셨다. 우리의 상처도 마찬가지다. 지워버려야 할 흠이 아니라 하나님의 영광을 위한 도구로 사용될 수 있다.

오늘의 마음연습 상처를 돌아보고 그것과 화해하자.

- 지나간 일인데도 가끔 떠올라서 아픈 상처가 있는가?
- 그것이 내게 주는 감정은 무엇인가?(분노, 슬픔, 원망 등)
- 그것을 통해 배운 것이나 얻은 것은 무엇인가?
- 상처받은 어린 시절의 내게 해주고 싶은 말이 있는가?
- 그 상처와 관련해 용서할 사람이나 상황이 있는가?

실전 연습 이번 주에 상처받은 내면 아이와 대화해보는 시간을 가져보자. "그때 얼마나 힘들었을까? 이제 내가 너를 지켜줄게"라고 말해보라.

◆ 오늘의 기도 ◆

주님, 제 마음속에 이미 지나간 일인데도 가끔 떠올라서 저를 아프게 하는 기억들, 용서했다고 생각했는데도 여전히 아린 마음이 있어요. 하지만 주님, 이제 그 상처와 화해하고 싶어요. 상처를 밀어내거나 억누르지 않고, 그것이 제게 전하는 메시지를 듣고 싶어요.

주님의 상처가 우리를 치유했듯이, 제 상처도 다른 사람을 위로하고 치유하는 도구가 될 수 있게 해주세요. 상처받은 내면의 아이를 주님의 사랑으로 품어주시고, 그 아픔을 통해 더 따뜻하고 깊은 사람이 되게 하소서. 진정한 용서를 할 수 있게 하시고, 과거에 묶이지 않고 새로운 미래를 향해 걸어가게 하소서. 제 상처가 약점이 아니라 강점이 되게 하소서. 예수님의 이름으로 기도드립니다. 아멘.

DAY 21
내 마음의 어린아이
: 아직도 위로받고 싶은 나

마음이 말하는 것

"나는 40대인데도 가끔 어린아이 같은 마음이 들어요."
한 집사님이 부끄러워하며 말했다.

"힘들 때 엄마 품에 안기고 싶고, 누군가 '괜찮다'라고 토닥여주기를 원해요. 이런 마음이 드는 제가 유치한 건가요?"

이 고백을 들으며 나는 전혀 이상하지 않다고 말했다. 나도 때때로 그런 마음이 들기 때문이다. 사역이 고되고 어려워 지칠 때, 사람들의 비판으로 상처받을 때, 문득 외로움이 밀려올 때면 어머니에게 어린아이처럼 "우리 아들 참 잘했다"라는 말을 듣고 싶다.

우리 모두의 마음 안에는 어린아이가 살고 있다. 그 아이는 나이를 먹어도 사라지지 않는다. 여전히 사랑받고, 인정받고,

위로받고 싶어 한다. 때로는 놀고 싶고, 때로는 보호받고 싶어 한다. 많은 사람이 이런 마음을 부끄러워하며 감추려 한다. '나이에 안 맞다', '철이 없다'라고 여기면서 말이다. 하지만 내면 아이를 무시하거나 억압하면, 진정한 행복을 누릴 수 없다.

심리학에서 말하는 '내면 아이'는 우리 무의식 속에 살고 있는 어린 시절의 자아를 말한다. 이는 단순한 기억이 아니라 현재도 살아있는 감정적, 정서적 존재다.

내면 아이는 여러 특징이 있다. 계산하지 않는 순진함과 진실함으로 가득한 순수함이 있고, 새로운 것에 관한 관심과 탐구욕으로 넘치는 호기심도 있다. 자유롭고 풍부한 상상력과 창의성이 있으며, 솔직하고 즉각적인 감정 표현을 한다. 즐거움과 재미를 추구하는 놀이 욕구가 있고, 사랑받고 보호받고 싶은 의존 욕구도 있다. 하지만 예민하고 취약해서 상처받기 쉬운 면도 있다.

내면 아이가 건강할 때는 삶에 활력과 기쁨을 가져다준다. 창의적이고 자발적인 에너지의 원천이 되고, 진정한 친밀감과 사랑의 바탕이 되며, 직관과 영감의 통로가 되기 때문이다.

하지만 내면 아이가 상처받을 때는 두려움과 불안에 사로잡힌다. 과도한 의존성이나 지나친 독립성을 보이고, 감정 조절이 어려워지며, 관계에서 반복적인 문제 패턴을 보이기도 한다.

내면 아이의 상처와 치유

어린 시절 상처에는 여러 유형이 있다. 버림받은 상처는 '부모님이 너무 바빠서 내게 관심이 없었어'라는 경험으로, 성인이 되어서도 버림받을까 봐 불안해하거나 반대로 먼저 관계를 차단하게 만든다. 거부당한 상처는 '내가 뭘 해도 인정받지 못했어'라는 경험으로, 끊임없이 인정받으려고 애쓰거나 아예 아무것도 시도하지 않기도 한다.

배신의 상처는 '믿었던 사람에게 실망했어'라는 경험으로, 사람들을 쉽게 믿지 못하거나 지나치게 의심하게 만든다. 학대의 상처는 '신체적, 정서적 학대를 당했어'라는 경험으로, 낮은 자존감과 자기 파괴적 행동을 보인다. 무시당한 상처는 '내 말을 들어주지 않았어'라는 경험으로, 자신의 목소리를 내기 어려워하거나 반대로 과도하게 주장하게 된다. 과도한 책임의 상처는 '어른 역할을 너무 일찍 해야 했어'라는 경험으로, 놀이와 즐거움을 죄악시하거나 책임감에 짓눌리게 만든다.

민혜는 어린 시절을 이렇게 회상했다.

"부모님이 자영업을 하셔서 늘 바쁘셨어요. 그래서 나는 항상 혼자 집에 있었어요. 혼자 밥 먹고, 혼자 숙제하는 일이 많았죠. 그때부터 '나는 혼자서도 잘해야 해'라고 생각했어요. 지금도 도움을 요청하는 게 어려워요."

예수님은 어린아이를 특별히 사랑하셨다(마 18:3, 마 19:14). 말씀을 통해서 어린아이와 같은 마음의 중요성을 강조하셨다. 우리 내면의 어린아이에게 이 말씀을 한번 적용해 보자.

어린아이 같은 마음에는 복잡하게 생각하지 않는 단순함이 있다. 아버지 하나님을 완전히 신뢰하는 의존성도 있고, 계산이나 이해관계 없는 순수함도 있다. 자신을 크게 여기지 않는 겸손함과 금방 화내고 금세 용서하는 마음, 과거나 미래보다 지금에 집중하는 현재 중심적인 특징을 가지고 있다.

많은 사람이 내면 아이를 잊거나 억압하며 산다. 그래서 그 마음은 그때 당시에 멈춰 건강하게 사랑받고 자라지 못한 상태로 남아 있다. 하지만 그 아이를 다시 찾아 자라게 하는 건 가능하다.

내면 아이를 자라게 하려면, 어린 시절 사진을 보면서 '이때 나는 어떤 아이였을까, 뭘 좋아했을까, 어떤 마음이었을까'를 생각해 보자. 그림 그리기, 만들기, 노래하기, 춤추기 같은 어린 시절 취미나 관심사를 떠올려보는 것도 좋다. 진지함을 내려놓고 순수하게 즐길 놀이를 해보는 것도 도움이 된다.

아이들은 자연을 사랑하니까 꽃을 보고, 나무를 만지고, 바람을 느끼면서 자연과 교감해 보자. 기쁘면 웃고, 슬프면 울고, 화나면 화내면서 감정을 솔직하게 표현해 보고, "왜?", "어떻게?" 같은 질문들을 자유롭게 던지면서 호기심을 가져보는 것이다.

준수는 "40대에 우연히 레고를 접했는데, 어린 시절의 그 설렘이 다시 살아나더라고요. 밤새 레고를 조립하면서 정말 오랜만에 순수한 기쁨을 느꼈어요"라고 말했다.

내면 아이와 대화하기

내면 아이를 찾았다면, 이제 그 아이와 대화해야 한다. 직접 말을 걸어보는 것부터 시작해 보자.

"안녕, 오랜만이야. 어떻게 지냈어?"

어린 시절의 내게 편지를 써보거나, 어린아이의 마음으로 일기를 써보는 것도 좋다. 말로 표현하기 어려운 감정을 그림으로 표현해 보는 것도 도움이 된다.

• 대화 예시

어른인 나: "그때 정말 힘들었지?"

내면의 아이: "응, 아무도 내 말을 들어주지 않았어."

어른인 나: "많이 외로웠겠구나. 이제 내가 네 얘길 들어줄게."

내면의 아이: "정말? 내 말을 믿어줄 거야?"

어른인 나: "물론이지. 이제는 내가 친구가 되어줄게. 누구보다 내가 너를 먼저 아껴주고 사랑해 줄게"

상처받은 내면 아이 치유는 전인적 회복의 열쇠다. 치유 과정은 단계적으로 이루어진다.

1단계: 내 안에 상처받은 아이 인정하기

2단계: 아이의 감정 공감하기

3단계: "이제 괜찮아, 내가 너를 지켜줄게"라고 위로하기

4단계: "그간 네 마음을 몰라줘서 미안해"라고 사과하기

5단계: "앞으로 네 목소리에 귀 기울일게"라고 약속하기

6단계: 아이가 좋아할 만한 것을 실제로 해주기

내면 아이와 성인의 균형

내면 아이를 회복하는 것이 어른의 책임을 포기하는 건 아니다. 중요한 건 균형이다. '건전한 균형'이란 일할 때는 책임감 있는 어른으로, 쉴 때는 자유로운 어린아이로 있는 것이다. 관계에서는 성숙함과 순수함을 모두 표현하고, 문제를 해결할 때는 어른의 지혜와 아이의 창의성을 함께 활용한다.

주의할 점은, 내면 아이가 모든 상황을 지배하지 않도록 하고, 어른의 책임을 회피하는 핑계로 사용하지 말라. 다른 사람에게 과도하게 의존하거나, 감정 절제 없이 무분별하게 표현하는 것도 피해야 한다. 진정한 성숙은 내면 아이를 억압하는 게 아니라, 그 아이와 어른이 조화롭게 공존하는 것이다.

내면 아이를 회복하면 하나님을 더 깊이 경험할 수 있다. 어린아이처럼 하나님 아버지의 사랑을 받아들이고 그 품에 안겨 보라. 복잡한 신학적 언어가 아닌, 아이가 아빠에게 말하듯 순수하게 기도해 보는 것이다.

어려운 이론보다는 "하나님이 나를 사랑하신다"라는 단순한 진리에 집중해 보자. 체면이나 다른 사람의 시선을 의식하지 않고 마음껏 찬양하고, 하나님의 창조와 은혜에 어린아이 같은 놀라움과 감사를 가져보는 것이다.

내 내면 아이를 이해하면, 다른 사람의 행동도 더 잘 이해하고 용납할 수 있다. 다른 사람이 유치해 보일 때는 '저 사람의 내면 아이가 갑자기 튀어나왔구나'라고 이해해 보라. 과도하게 의존적일 때는 '어린 시절 충분히 사랑받지 못했구나'라고 공감해 보고, 감정 기복이 심할 때는 '내면의 아이가 도움을 요청하고 있구나'라고 기다려주는 게 좋다. 완벽주의적일 때는 '인정받고 싶은 마음이 강하구나'라고 이해해 보자.

이런 관점은 우리를 긍휼함이 많은 성숙한 사람으로 만들어 줄 것이다.

오늘의 마음연습 내면의 어린아이를 만나보자.

- 힘들 때 어린아이처럼 위로받고 싶은 적이 있는가?
- 어린 시절의 나는 무엇을 좋아했고, 어떤 꿈이 있었는가?
- 내면 아이가 상처받은 부분이 있다면 무엇인가?
- 그 아이에게 해주고 싶은 말이나 행동은 무엇인가?
- 지금도 가끔 해보고 싶은 '어린아이 같은' 활동이 있는가?

실전 연습 내면의 아이가 좋아할 만한 활동을 해보자(좋아했던 음식 먹기, 그림 그리기, 자연에서 뛰놀기 등).

◆ 오늘의 기도 ◆

주님, 제 마음에 아직도 어린아이가 살고 있음을 깨닫습니다. 위로받고 싶고, 사랑받고 싶고, 인정받고 싶은 그 마음을 그동안 부끄러워하며 숨겨왔어요. 하지만 예수님이 "어린아이들과 같이 돼라"라고 하셨듯, 이 마음도 주님이 주신 소중한 선물임을 믿습니다. 제 내면 아이의 상처를 주님의 사랑으로 치유해주세요. 억눌렸던 순수함과 기쁨, 창의성과 호기심을 다시 회복하게 해주세요.

어른의 책임감과 어린아이의 순수함이 조화롭게 균형을 이룰 수 있게 도와주시고, 하나님 아버지를 "아바 아버지"라고 부르며 품에 안길 수 있는 단순한 믿음을 주세요.

제 내면의 어린아이를 사랑하고 돌보는 법을 배우게 하시고, 그를 통해 더 따뜻하고 자비로운 사람이 되게 하소서. 예수님의 이름으로 기도드립니다. 아멘.

관계에서의 실망 다루기

: 내가 너무 기대한 걸까?

마음이 말하는 것

"사람이 너무 실망스러워요."

새가족인 한 성도가 깊은 한숨과 함께 말했다.

"친한 친구라고 생각했는데 어려울 때 연락도 안 하고, 가족은 제 마음을 전혀 이해해 주지 않아요. 심지어 교회 사람들도요. 제가 너무 큰 기대를 한 걸까요?"

나도 살면서 수많은 관계에서 실망을 경험했다. 믿었던 동역자의 예상치 못한 반응, 아꼈던 사람의 냉랭함, 친한 친구의 무심함. 그때마다 '역시 사람은 믿을 게 못 되나?'라는 냉소적인 생각이 들기도 했다.

특히 크리스천으로서 '모든 사람을 사랑해야 한다'라는 부담과 '완전한 관계를 만들어야 한다'라는 강박이 있어서 관계에서 실망이 더욱 아팠다. '내가 부족해서 그런가? 내가 너무 기대한 건가? 애초에 관계를 시작하지 말아야 했나?' 하는 자책이 밀려오곤 했다. 그런데 시간이 지나면서 조금씩 깨달았다. 관계에서 실망은 피할 수 없는 인간의 경험이라는 걸. 완벽한 사람도, 완벽한 관계도 없다. 중요한 건 실망을 어떻게 다루고, 그것을 통해 어떻게 성장하느냐이다.

한 상담사가 내게 해준 말이 큰 도움이 되었다.

"실망은 기대가 현실과 만날 때 생기는 거예요. 기대를 없애는 게 아니라, 건전하고 현실적인 기대를 배우는 과정이지요."

관계에서 실망하는 건 자연스러운 현상이다. 그 이유를 이해해야 건전하게 다룰 수 있다. 실망의 구조는 간단하다.

"기대 - 현실 = 실망"

'이 사람은 나를 완전히 이해해 줄 거야'라는 비현실적 기대가 실망을 만든다. 완벽한 이해나 일관된 반응이나 무조건적 지지를 기대할 때 말이다. '투사'(내 감정, 기대, 기준을 타인에게 덮어씌워 보는 것)라는 현상도 있다. '나라면 이렇게 할 텐데'라며 자신의 기준을 상대에게 적용하고, 자신이 원하는 대로 상대도 행동할 것을 가정하며, 상대의 독특성을 무시하는 것이다.

'이상화'도 문제가 된다. '이 사람은 대단하고 특별해'라며 상대를 실제보다 과하게 좋게 보고, 단점을 무시하거나 축소하며, 인간의 한계를 인정하지 않을 때다. 과거 경험의 반복도 있다. '이번엔 다를 거야'라며 과거 좋았던 관계를 기준 삼고, 상황과 사람의 변화를 고려하지 않으며, 현재 상황을 객관적으로 보지 못할 때다.

소통의 부족도 큰 원인이다. '말하지 않아도 알겠지'라며 자신의 기대를 명확히 표현하지 않고, 상대의 상황이나 한계를 묻지 않으며, 암묵적 기대가 서로 다를 때 실망이 생긴다.

재성은 이런 경험을 했다.

"절친이라고 생각했던 친구가 제 결혼식에 참석하지 않았어요. 너무 실망해서 연락을 끊었는데, 나중에 알고 보니 그 친구가 그때 큰 어려움을 겪고 있었더라고요. 제가 제 상황만 생각했던 거죠."

관계 실망의 종류

관계에서의 실망은 다양한 모습으로 나타난다. 위로를 기대했는데 무관심한 반응을 받거나, 축하를 기대했는데 시큰둥한 반응을 받거나, 지지를 기대했는데 비판적인 반응을 받을 때다. 중요한 약속을 지키지 않거나 비밀을 다른 사람에게 말할 때, 어려울 때 도움받지 못하면 실망한다.

변화에 대한 실망도 있다. 예전만큼 친하지 않거나, 관심사나 가치관이 달라지거나 라이프 스타일이 변했을 때다. 일방적인 관계도 실망스럽다. 항상 내가 먼저 연락하거나, 베풀고 받지 못하거나, 나만 관심을 보일 때다. 오해나 갈등으로 인한 실망도 있다. 잘못된 소통으로 인한 오해나, 가치관의 충돌, 감정적인 상처를 주고받을 때다.

성경에도 이 부분을 다룬 이야기가 많다. 다윗은 요나단과는 아름다운 우정을 나누었지만, 사울에게 계속 배신당했다.
예수님과 제자들의 이야기도 마찬가지다. 베드로의 부인, 가룟 유다의 배신, 겟세마네에서 잠든 제자들. 하지만 예수님은 그들을 포기하지 않으셨다. 바울과 바나바의 갈등도 있다. 마가 요한 문제로 바울과 바나바가 갈라섰다. 좋은 동역자 관계도 때로는 갈등을 겪을 수 있음을 보여준다. 욥의 친구들 이야기도 의미가 깊다. 욥이 고난받을 때 친구들이 위로하러 왔지만, 오히려 정죄하고 판단했다. 선의로 시작된 관계도 때로는 상처가 될 수 있다.
성경은 관계의 어려움이 인간의 보편적 경험이며, 그 안에서도 하나님의 사랑과 은혜를 발견할 수 있음을 보여준다.

실망을 건전하게 다루는 법

관계의 실망을 피할 수는 없지만, 건전하게 다룰 수는 있다.

1단계: 감정 인정하고 수용하기

'실망스럽구나', '아프구나', '화가 나는구나' 하면서 감정을 억누르지 말고 인정하는 것이다.

2단계: 기대 점검하기

'내 기대가 현실적이었을까?', '상대방의 상황은 고려했을까?', '내가 명확하게 소통했을까?' 생각해 보자.

3단계: 상대 입장에서 생각해 보기

'그도 나름의 이유가 있을 거야', '그도 완벽하지 않은 인간이야', '그의 한계를 인정해야겠어'라고 생각해 보자.

4단계: 관계의 전체적 맥락 보기

한 번의 실망으로 전체 관계를 판단하지 말고, 그동안의 좋았던 기억도 함께 고려하며, 이 관계가 주는 다른 가치를 인정해 보라.

5단계: 소통하기

가능하면 솔직히 대화해보고, 상대의 입장도 들어보며, 서로의 기대를 조정해 보라.

6단계: 경계 재설정하기

이 관계에서 무엇을 기대할 수 있는지 현실적으로 조정하고, 필요하다면 거리를 두며, 다른 곳에서 필요를 충족해 보자.

건전한 관계를 위해서는 기대를 현실적으로 조정해야 한다. 비현실적 기대를 현실적 기대로 바꿔보라.

- 이 사람은 나를 완전히 이해해 줄 거야.
  - → 이 사람은 나와 다른 관점을 가진 독립된 개체야.
- 이 사람은 항상 내 편일 거야.
  - → 때로는 의견이 다를 수도 있어.
- 이 사람은 내가 말하지 않아도 내 마음을 알 거야.
  - → 소통해야 상대가 내 마음을 알 수 있어.
- 이 사람은 변하지 않을 거야.
  - → 사람은 누구나 변할 수 있어.
- 이 사람과는 갈등이 없을 거야.
  - → 가까운 사이일수록 갈등이 있을 수 있어.

건전한 기대는 현실적이고 달성할 수 있는 것이어야 한다. 상대의 한계를 인정하고, 상호적이고 균형 잡혀야 하며, 유연하고 조정 가능해야 한다. 그리고 조건부가 아닌 진실한 사랑에 기반해야 한다.

완벽하지 않은 관계와 평화하기

모든 관계가 불완전하다는 사실을 받아들이면 오히려 더 자유로워질 수 있다. 불완전한 관계에도 아름다움이 있다. 서로의 약점을 보완해 줄 수 있고, 성장할 기회를 제공하며, 진정성과 인간미를 느낄 수 있다. 조건 없는 사랑을 배울 수 있고, 용서와 화해를 경험할 수도 있다.

모든 관계에는 계절이 있다. 가까웠다가 멀어지고, 멀어졌다가 다시 가까워지기도 한다. 이걸 자연스러운 현상으로 받아들여라. 그리고 모든 사람에게서 같은 걸 기대하지 말라. 어떤 사람은 감정적 지지를 해주고, 어떤 사람은 실용적 도움을 준다. 각자의 고유함을 인정하자.

미정은 이런 깨달음을 얻었다.

"친구마다 장점이 다르다는 걸 깨달았어요. A는 공감을 잘하고, B는 조언을 잘하고, C는 함께 놀기 좋아요. 한 사람에게 모든 걸 기대하지 않으니 오히려 관계가 편해졌어요."

실망 후의 관계 회복과 성장

실망했다고 관계가 끝나는 건 아니다. 때로는 실망을 통해 관계가 더 깊어질 수도 있다. 악의가 없는 경우, 서로 소통 의지가 있는 경우, 과거에 좋은 기반이 있었던 경우, 상호 존중의 마음이 남은 경우다.

회복을 위해 감정이 정리될 때까지 시간을 갖고, 상황을 전체적으로나 객관적으로 봐야 한다. 서로의 입장을 나누고, 필요하다면 서로 사과해야 한다. 현실적인 기대를 새롭게 설정하고, 부담 없는 작은 만남부터 시작하는 것이 좋다.

반면에 회복 불가능한 관계도 있다. 반복적인 배신이나 상처, 근본적인 가치관의 차이, 상대방의 회복 의지 부족, 지속적인 독성 관계 패턴이 있을 때다. 이런 경우에는 관계를 정리하는 것도 하나의 지혜다. 모든 사람과 잘 지낼 수 없음을 현실로 받아들이는 과정이다.

인간관계의 실망을 견디는 힘은 하나님과의 안전한 관계에서 나온다. 하나님과의 관계는 특별하다. 변하지 않는 사랑, 조건 없는 수용, 완전한 이해, 절대 떠나지 않으심, 완벽한 신뢰성이 있다. 인간은 한계가 있지만 하나님은 무한하시며, 변하지 않으신다. 인간은 실수하지만, 하나님은 완전하시다. 그렇다고 인간을 사랑하지 말라는 게 아니다. 오히려 그분과의 안전한 관계가 있을 때, 인간관계에서 실망해도 계속 사랑할 힘을 얻을 수 있다.

관계의 실망을 통해 성장할 수 있다. 이상보다는 현실을 보는 현실감, 다른 사람의 아픔을 이해하는 공감 능력, 건전한 관계의 한계를 인정하는 경계 설정, 기대를 명확히 표현하는 소통 기술, 불완전한 인간을 받아들이는 용서의 은혜, 한 사람에게 과도하게 의존하지 않는 균형감을 배운다.

> **오늘의 마음연습** 관계에서 실망을 돌아보자.
>
> - 최근 관계에서 실망한 경험이 있는가? 어떤 상황이었나?
> - 그때 내가 가진 기대는 무엇이었나? 기대가 현실적이었나?
> - 상대 입장에서 생각하면 어떤 사정이나 한계가 있었을까?
> - 그 관계에서 내가 조정해야 할 기대나 경계는 무엇인가?
> - 실망스럽지만 여전히 소중히 여기는 관계는 무엇인가?
>
> **실전 연습** 실망했던 관계 중 하나를 택해서, 상대의 입장에서 상황을 다시 생각해 보자. 가능하다면 그와 대화를 시도해 보자.

◆ 오늘의 기도 ◆

주님, 관계에서 많은 실망을 경험했습니다. 기대한 만큼 이해받지 못하고, 바란 만큼 사랑받지 못하고, 원한 만큼 지지받지 못할 때가 있었습니다. 하지만 완벽한 사람도 관계도 없음을 깨닫습니다. 서로의 한계를 인정하고 불완전함을 받아들이는 게 성숙한 사랑임을 배우게 하소서.

주님과의 완전한 관계에서 안전감을 찾게 하시고, 그 사랑을 받은 제가 다른 사람의 불완전함도 품을 수 있게 도와주세요. 현실적이고 건전한 기대를 하고, 소통하며, 사랑하는 사람이 되게 하소서. 예수님의 이름으로 기도드립니다. 아멘.

DAY 23

감정 소진 회복하기

: 마음의 연료 충전하기

마음이 말하는 것

"나는 마음의 연료가 다 떨어진 것 같아요."

간호사로 일하는 성도가 지친 얼굴로 말했다.

"병원에서 환자를 돌보는 일이 처음에는 보람도 있고 좋았는데, 요즘은 의무적으로 하게 돼요. 집에 가면 가족에게도 짜증이 나고, 아무것도 하기가 싫어요. 제가 이기적인 건가요?"

많은 사람이 이런 경험에 공감할 것이다. 특히 다른 사람의 삶과 마음을 돌보는 사람에게 이런 고민이 많다.

처음에는 모든 일이 새롭고 의미 있게 느껴지지만, 몇 년이 지나면 점점 메말라가는 느낌이 든다. 설교 준비도, 심방도, 상담도 과거에는 기쁨이었는데, 어느 순간부터는 부담이 된다. 다른 성도의 문제를 들어주다 보면 마음도 무거워지고, 계속 베풀어야 하는 상황에서 정작 자신의 마음은 비어간다. 이것을 '감정 소진 상태'라고 한다. 휴대전화 배터리가 떨어지면 충전이 필요한 것처럼, 마음도 충전이 필요한 상태인 것이다. 감정 소진은 약함의 표시가 아니라, 너무 많이 베풀었다는 증거다. 이제 자신을 돌볼 시간이다.

감정 소진은 지속적인 스트레스와 과도한 감정적 요구로 인해 심리적·신체적·정신적 자원이 고갈된 상태를 말한다.

감정 소진에는 세 가지 주요 특징이 있다.

첫 번째는 '감정 고갈'이다.

감정적 자원이 완전히 소모되어 다른 사람에게 줄 에너지가 없고, 만성적인 피로감과 무력감을 느낀다.

두 번째는 '비인격화'다.

상대를 개별적 존재가 아닌 객체로 대하고, 냉소적이고 무관심한 태도를 보이며, 감정적 거리 두기와 차단을 하게 된다.

세 번째는 '성취감 상실'이다.

자기 일에 대한 의미를 잃고, 효능감과 성취감이 감소하며, '내가 하는 일이 무슨 의미가 있나?' 하는 회의를 느낀다.

감정 소진의 여러 가지 신호가 있다. 아침에 일어나기 싫어하고, 평소 좋아하던 일에 흥미를 잃는다. 사람들을 만나기 어려워하고, 사소한 일에도 과민 반응을 보인다. 두통이나 불면,

소화불량 같은 신체적 증상이 나타나고, 냉소적이고 부정적인 사고를 하며, 집중력과 기억력이 저하되기도 한다.

감정 소진이 일어나기 쉬운 상황

직업적으로는 간병인, 간호사, 의사, 교사, 상담사 같은 돌봄 직업군에서 자주 나타난다. 고객 서비스, 영업직 같은 서비스 직군이나 관리자, 목회자, 팀장 같은 리더십들도 마찬가지다. 작가, 예술가, 디자이너 같은 감정을 다해 창작 활동을 하는 이들도 쉽게 소진을 경험한다.

관계적 상황으로는 환자나 노인 돌봄, 육아 같은 가족 돌봄이나 계속 베풀기만 하는 일방적 관계에서 감정 소진이 많이 나타난다. 지속적인 갈등과 스트레스가 있는 관계나 적절한 선을 긋지 못하는 경계 없는 관계도 마찬가지다.

개인적 특성으로는 완벽주의자나 책임감이 강한 사람들이 경험하기 쉽다. 거절을 못 하는 사람이나 자신의 필요를 무시하는 자기 돌봄이 부족한 사람들도 포함된다.

지연은 중학교 교사로 일하면서 감정 소진을 경험했다.

"처음에는 아이들이 너무 사랑스러웠어요. 밤늦게까지 수업을 준비하고, 아이들 상담도 해주었지요. 그런데 3년째 되니까 내 말을 잘 듣지 않고 떠드는 아이들에게 짜증이 나기 시작했어요. 그런 저 자신이 너무 미웠어요."

감정 소진은 갑자기 일어나지 않고, 다섯 단계로 진행된다.

1단계: 열정 단계

높은 동기와 에너지로, 일에 몰입하고 헌신하며, 개인적 희생도 기꺼이 감수하고, '나는 할 수 있다'라는 자신감이 있다.

2단계: 침체 단계

처음보다 에너지가 떨어지고, 피로감과 짜증을 느끼며, 일의 의미에 의문을 품고, '예전만 못하네'라고 자책한다.

3단계: 만성 스트레스 단계

지속적인 피로와 스트레스로 신체적 증상이 나타나며, 사람과의 관계에서 갈등이 증가하고, '언제까지 이래야 하나?' 하는 절망을 느낀다.

4단계: 소진 단계

완전한 에너지 고갈을 느끼고, 냉소주의와 무관심을 보이며, 심신에 문제가 생기고, '더 이상 못 하겠다'라는 생각이 든다.

5단계: 습관적 소진 단계

소진이 일상이 되고, 만성 우울과 불안을 느끼며, 삶의 다른 영역에도 영향을 미치며, 전문적 도움이 필요한 단계다.

성경 속 감정 소진의 예

모세는 이스라엘 백성의 지도자로서 모든 짐을 혼자 감당하려다가 완전히 지쳐버렸다. 그는 하나님께 "책임이 심히 중하여 나 혼자는 이 모든 백성을 감당할 수 없나이다 주께서 내게 이같이 행하실진대 구하옵나니 내게 은혜를 베푸사 즉시 나를 죽여 내가 고난 당함을 내가 보지 않게 하옵소서"(민 11:14,15)라고 고백했다.

엘리야는 갈멜산에서의 큰 승리 후에 오히려 깊은 우울과 소진을 경험했다. "자기가 죽기를 원하여 이르되 여호와여 넉넉하오니 지금 내 생명을 거두시옵소서 나는 내 조상들보다 낫지 못하니이다"(왕상 19:4)라고 말할 정도였다.

이들의 공통점은 하나님의 일을 하면서도 인간적 한계를 경험했다는 것이다. 그러나 하나님은 그들을 책망하지 않으시고 오히려 회복시켜 주셨다.

감정 소진 회복의 원리

'내가 지금 소진 상태구나'라고 인정하는 게 회복의 첫걸음이다. 부인하거나 무시하면 더 심각해진다. 자기 돌봄의 필요성을 인식해야 한다. 자기 돌봄은 필수적이다. 빈 컵으로는 다른 컵에 물을 부을 수 없듯이 말이다.

또한 '모든 것을 다 할 수는 없다'라는 현실을 받아들이고 건전한 경계를 설정해야 한다. 의미를 재발견하는 것도 중요하다. 일의 의미와 목적을 다시 찾고, 초심을 회복하는 것이다. 그리고 혼자 견디려 하지 말고 가족, 친구, 동료, 전문가의 도움을 받아야 한다.

감정 소진 회복을 위해 즉시 할 수 있는 것이 있다. 천천히 호흡하며 긴장을 완화하고, 몸을 뻗으며 풀어보라. 좋아하는 음악을 듣거나 따뜻한 차를 마시거나 가벼운 산책을 하거나 좋아하는 향기를 맡으면서 작은 즐거움을 찾아보는 것도 좋다. 일기를 쓰거나 믿을 만한 사람과 대화하고, 울고 싶으면 울고, 화가 나면 안전한 장소에서 안전한 방법으로 그 감정을 표현해 보라.

단기적으로는 의도적인 휴가나 쉬는 날을 갖고, 충분한 수면을 확보하며, 규칙적인 식사와 가벼운 운동으로 휴식을 확보하라. 불필요한 일을 줄이고, 위임할 수 있는 것은 위임하며, 우선순위를 재정리하고, "아니요"라고 말하는 연습을 하면서 활동을 조정해 보라.

에너지를 소모하는 관계는 정리하고, 지지적인 관계를 강화하며, 전문가의 도움을 받으면서 관계를 점검하라. 장기적으로는 일과 삶의 균형을 찾고, 취미나 관심사를 개발하며, 자기 돌봄 루틴을 만들고, 정기적으로 점검과 조정을 하면서 생활양식을 변화시켜라. 내가 정말 중요하게 여기는 걸 찾고, 일의 의미와 목적을 재발견하며, 인생의 우선순위를 재정립하고, 영적 성장과 깊이를 추구하며 가치관을 정리해 보는 것이다.

하나님 안에서의 회복

감정 소진의 궁극적 회복은 하나님과의 관계에서 나온다. 하나님이 우리를 초대하신다(마 11:28). 하나님이 공급해 주신다. "나의 하나님이 그리스도 예수 안에서 영광 가운데 그 풍성한 대로 너희 모든 쓸 것을 채우시리라"(빌 4:19)라는 약속이 있다. 성령님이 도와주신다. "이와 같이 성령도 우리의 연약함을 도우시나니"(롬 8:26)라는 말씀대로 말이다.

하나님께 솔직히 털어놓는 기도, 위로와 힘이 되는 성경 구절 묵상, 마음을 하나님께 올려드리는 찬양, 믿음의 공동체와의 교제, 작지만 의미 있는 봉사로 하나님이 주신 쉼의 선물을 누리길.

민정은 감정 소진에서 회복된 경험을 말했다.

"모든 걸 내려놓고 하나님께 '저, 더 이상 못 하겠어요'라고 솔직하게 기도했어요. 그리고 한 달간 최소한의 일만 하면서 쉬었죠. 그러니까 서서히 마음에 평안이 오고, 다시 일할 힘이 생기더라고요."

감정 소진을 예방하려면 정기적으로 점검해야 한다. 한 달에 한 번 자신의 감정 상태를 점검하고, 스트레스와 에너지 수준을 평가하며, 필요할 때 조정과 변화를 시행하라.

일과 쉼의 적절한 균형, 혼자만의 시간과 타인과 함께하는 시간의 균형, 베푸는 것과 받는 것의 균형을 맞춰보자. 규칙적인 운동과 취미 활동, 영양가 있는 식사와 충분한 수면, 정기적인 건강 검진을 실천하라.

또한 지지적인 인간관계를 유지하고, 감정을 나눌 수 있는 사람을 곁에 두며, 전문가에게 상담을 받아보라. 정기적인 영적 충전 시간을 갖고, 기도와 말씀 묵상의 습관을 만들며, 신앙 공동체와 교제해 보라.

> **오늘의 마음연습** 나의 감정 소진 상태를 점검해 보자.
> - 최근 감정적으로 고갈되었다고 느낀 적이 있는가?
> - 평소 좋아하던 일이나 사람들에게 무관심한 적이 있는가?
> - 감정 소진을 일으키는 주된 요인은 무엇인가?

- 현재 에너지 수준을 1-10으로 평가한다면 몇 점인가?
- 감정 회복을 위해 당장 할 수 있는 작은 일은 무엇일까?

> **실전 연습** 이번 주에 자기 돌봄을 위한 활동을 하나씩 해보자(충분한 수면, 좋아하는 음식 먹기, 산책, 음악 감상, 목욕하기, 시편 읽기, 침묵기도 등).

◆ 오늘의 기도 ◆

주님, 그동안 많은 에너지를 쏟으며 살았습니다. 일, 사람, 관계 속에서 베풀고 돌보고 섬기느라 마음의 연료가 바닥난 것 같아요. 기쁘고 보람 있던 일이 어느새 의무처럼 느껴지고, 사람들을 만나는 것도 부담스럽습니다. 이런 제가 이기적인 것 같아 죄책감도 들어요. 하지만 엘리야도, 모세도 한계를 느낀 것을 기억합니다. 제 지친 마음을 주님께 맡겨드립니다.

자기 돌봄이 이기적인 게 아니라 필요한 것임을 깨닫게 하시고, 건전한 경계를 설정하며 균형 잡힌 삶을 살게 도와주세요. 주님 안에서 진정한 쉼을 얻고, 새로운 에너지로 충전되어 다시 기쁨으로 섬길 수 있게 하소서. 예수님의 이름으로 기도드립니다. 아멘.

DAY 24
몸의 신호 듣기
: 몸과 마음의 연결고리 이해하기

마음이 말하는 것

"코치님, 제가 요즘 자주 아파요."

열정적이었던 집사님이 걱정스러운 얼굴로 말했다.

"두통이 자주 생기고, 소화도 안 되고, 잠도 잘 안 와요. 병원에서는 '특별한 이상이 없다' 하며 정신과에 가보라고 하네요. 제가 과도하게 예민한 건가요?"

내가 코칭하던 회사 대표 한 분이 떠올랐다. 그가 모든 것에 완벽히 하려고 애쓰는 동안, 몸은 서서히 비명을 지르고 있었다. 만성 두통, 위염, 불면증, 어깨 결림 등 하나씩 늘어가는 증상을 단순히 '나이가 들어서'라고 치부했다.

그런데 어느 날 한 의사가 그에게 한 말에 충격을 받았다고 했다.

"선생님, 몸의 증상을 보면 스트레스가 상당한 것 같은데요. 몸이 마음의 상태를 말해주고 있어요."

그제야 그는 마음으로는 '괜찮다', '할 수 있다'라고 말하고 있지만, 자기 몸은 이미 '힘들다', '쉬어야 한다'라고 신호를 보내고 있음을 깨달았다.

우리는 종종 마음의 소리에는 귀 기울이면서도 몸의 신호는 무시하곤 한다. 하지만 몸과 마음은 분리된 게 아니다. 몸이 아프면 마음도 아프고, 마음이 아프면 몸도 반응한다. 몸의 신호를 듣는 건 마음을 돌보는 것만큼이나 중요하다.

현대 의학과 심리학은 몸과 마음이 밀접하게 연결되어 있다는 걸 증명한다. 스트레스가 면역체계에 직접 영향을 주고, 감정 상태가 호르몬 분비를 변화시키며, 정신적 긴장이 근육 긴장을 유발한다. 우울증과 만성 통증은 관련이 있고, 불안은 소화 기능에 영향을 미친다.

몸의 스트레스 반응 시스템을 살펴보면, 급성 스트레스 반응에서는 심박수가 증가하고 혈압이 상승한다. 호흡이 빨라지고 근육이 긴장하며, 소화 기능이 억제되고 면역 기능도 저하된다. 이건 일시적이고 적응적인 반응이다. 하지만 스트레스가 지속되면 만성염증 상태가 유지되고, 면역체계가 약화하며, 다양한 신체 질환의 원인이 된다고 한다.

몸이 마음 상태를 표현하는 방식에는 여러 가지가 있다. 긴장하면 어깨, 목, 턱 근육이 경직되고, 불안하면 가슴이 답답하고 소화불량이 생기며 떨림이 나타난다. 우울하면 만성 피로와 식욕 변화, 수면 장애가 생기고, 화가 나면 두통이나 혈압 상승, 근육 긴장이 일어나며, 슬프면 가슴이 무겁고, 무기력이 나타난다.

우리 몸은 다양한 방식으로 마음의 상태를 알려준다. 두통은 스트레스나 긴장, 과로의 신호다. 목과 어깨 결림은 책임감의 무게나 긴장 상태를, 가슴 답답함은 불안이나 억압된 감정을, 호흡 곤란은 공황이나 극도의 스트레스를 보여준다. 심장 두근거림은 불안이나 흥분, 두려움을 나타내고, 가슴 통증은 감정적 상처나 깊은 슬픔을 표현한다. 수면과 불면증은 과도한 생각이나 불안, 걱정을 나타내고, 과다 수면은 우울함이나 회피 욕구를 보여준다. 만성 피로는 감정적 소진이나 의욕 상실을 나타낸다.

혜지는 "직장에서 스트레스를 받을 때마다 머리가 아팠어요. 처음에는 잠자리 때문인 줄 알았는데, 휴가를 다녀오면 저절로 나아지더라고요. 제 두통이 스트레스를 말해주고 있다는 걸 알았어요"라고 자기 경험을 말했다.

성경이 말하는 몸과 영혼

몸의 소중함에 대해 성경은 "너희 몸은 너희가 하나님께로부터 받은 바 너희 가운데 계신 성령의 전인 줄을 알지 못하느냐 너희는 너희 자신의 것이 아니라"(고전 6:19)라고 밝힌다. 몸은 단순한 물질이 아니라 성령이 거하시는 성전이다

성경은 몸과 마음의 통합성을 강조한다.

> 네 영혼이 잘됨같이 네가 범사에 잘되고 강건하기를 내가 간구하노라 요삼 1:2

> 마음의 즐거움은 양약이라도 심령의 근심은 뼈를 마르게 하느니라 잠 17:22

기쁜 마음은 치료 약과 같고 근심은 몸을 쇠약하게 만든다. 예수님도 피곤하면 쉬시고, 배고프면 드시고, 슬프면 우셨다. 몸의 신호를 무시하지 않으셨다.

몸의 신호를 듣는 법

1단계: 몸을 스캔하기

하루에 몇 번씩 몸 상태를 점검해 보는 것이다. '지금 내 머리는 어떤가? 어깨와 목은 어떤가? 가슴과 호흡은 어떤가? 배와 소화는 어떤가? 전체적인 에너지는 어떤가?'

2단계: 몸의 신호와 감정 상태 연결하기

'이 두통이 시작되었을 때는 언제지? 어떤 상황에서 아픈가? 무엇 때문에 잠이 안 올까?'

3단계: 반복되는 신호의 패턴 찾기

'월요일마다 배가 아픈데 직장 스트레스인가? 이 사람을 만나기 전에 두통이 생기네?'

4단계: 몸이 전하려는 메시지를 이해하기

'쉬라는 신호인가? 경계를 설정하라는 신호인가? 감정을 표현하라는 신호인가? 도움을 요청하라는 신호인가?'

5단계: 몸의 신호에 맞는 적절한 행동 취하기

휴식이 필요하면 쉬고, 스트레스가 원인이면 스트레스 관리를 하고, 감정 표현이 필요하면 대화하고, 전문적 도움이 필요하면 병원에 가보라.

몸의 지혜 신뢰하기

우리 몸은 스스로 치유하는 능력이 있다. 상처가 아물고, 면역체계가 질병과 싸우고, 수면을 통해 회복하는 모든 과정이 자연스럽게 일어난다. 몸은 의식보다 먼저 위험이나 기회를 감지한다. '뭔가 이상해'라는 느낌, '좋은 사람 같아'라는 직감이 몸에서 나오는 신호들이다. 몸은 항상 균형을 찾으려 한다. 스트레스를 받으면 회복하려 하고, 과로하면 휴식을 요구한다. 이런 신호를 무시하지 말자.

몸 돌봄은 영적 성장과도 연결되어 있다. 걷기 기도나 호흡 기도, 무릎 꿇기나 손들기 같은 몸의 자세를 통한 예배, 자연 속에서의 묵상 등 몸의 감각을 통해 하나님을 체험할 수 있다. 이런 시간을 통해 치유의 은혜를 경험한다. 몸의 회복을 통해 하나님의 사랑 체험, 질병을 통한 영적 깨달음, 건강에 대한 감사하는 마음을 가질 수 있다.

오늘의 마음연습 몸의 신호를 점검해 보자.

- 지금 몸으로 느끼는 불편한 증상이 있는가?(두통, 소화불량, 어깨 결림, 피로 등)
- 증상이 언제, 어떤 상황에서 주로 나타나는가?

- 스트레스를 받으면 내 몸에 나타나는 변화는 무엇인가?
- 최근에 몸이 쉬라는 신호를 보낸 적이 있는가? 어떻게 반응했는가?
- 몸 돌봄을 위해 당장 할 수 있는 것은 무엇인가?

> **실전 연습** 하루에 한 번 5분씩 머리부터 발끝까지 어떤 느낌인지 천천히 살펴보고, 몸이 보내는 메시지를 들어보자.

◆ 오늘의 기도 ◆

주님, 제게 몸을 주셔서 감사합니다. 이 몸이 성령님이 거하시는 소중한 성전임을 고백합니다. 그동안 몸의 신호들을 무시한 채 무리하며 살았습니다. 피곤해도 참고, 아파도 견디며, 몸보다 성과를 우선시했어요. 하지만 몸과 마음이 연결되어 있고, 몸의 신호가 마음 상태를 말해준다는 것을 깨달았습니다. 제 몸이 보내는 신호에 귀 기울일 수 있는 지혜를 주세요. 필요할 때는 전문적인 도움도 받을 수 있는 용기를 주세요.

몸이 건강해야 주님을 더 잘 섬길 수 있음을 기억하며, 몸 돌봄도 주님께서 맡기신 청지기의 책임임을 인식하고 살게 하소서. 예수님의 이름으로 기도드립니다. 아멘.

DAY 25

기도가 막힐 때

: 말이 안 나올 때 드리는 기도

마음이 말하는 것

"요즘 기도가 안 돼요."

한 청년이 답답한 표정으로 말했다.

"예전에는 기도할 말이 많았는데, 요즘은 무릎을 꿇어도 아무 말이 나오지 않아요. 억지로 하려니까 더 답답하고요. 제 믿음이 식은 건가요?"

어디선가 읽었던 한 문장이 기억난다.

"기도가 막힌다는 건 새로운 기도의 깊이로 들어가라는 하나님의 초대일 수 있다. 관계가 친밀해진다는 건 침묵도 받아들이는 것이다. 말이 없는 침묵도 기도의 한 종류다."

나도 기도의 막힘을 오히려 하나님과의 새로운 만남의 기회로 여기면서 기도에 대한 부담이 많이 줄었다.

기도가 막히는 건 자연스러운 일이다. 그 이유를 이해하면 부담을 내려놓을 수 있다.

영적 성장 과정에서 기도가 막히는 건 종종 성장의 신호일 수 있다. 마치 아이가 성장하면 이전 옷이 맞지 않듯, 영적으로 성장하면 이전의 기도 방식이 맞지 않을 수 있다.

감정적 상태도 영향을 미친다. 우울하면 모든 것이 무의미하게 느껴지고, 분노하면 하나님께 화가 나서 말하고 싶지 않다. 상처를 받으면 하나님을 원망하거나 거리감을 느끼고, 무기력해지면 기도할 에너지조차 없다. 바쁘면 무언가에 마음을 집중하기 어렵다.

잘못된 기도 관념도 문제다. '기도는 항상 열정적이어야 해', '기도는 많은 말을 해야 해', '기도는 감정이 올라와야 해', '기도는 특별한 장소에서만 돼', '기도는 완벽한 마음으로 해야 해' 같은 생각 때문에 오히려 기도가 어려워진다.

하나님과의 관계 변화도 있다. 때로는 하나님과의 관계가 새로운 차원으로 발전하는 과정에서 일시적인 침묵의 시기가 올 수 있다.

은아는 어머니가 돌아가신 후 6개월 동안 전혀 기도가 되지 않았다. 하나님께도, 자신에게도 화가 났기 때문이다. 그런데 어느 날, "하나님, 저 화났어요"라고 말했더니 기도가 열리기 시작했다고 한다.

성경 속 침묵 기도

여호와여 내가 부르짖어도 주께서 듣지 아니하시니 어느 때까지리이까 내가 강포로 말미암아 외쳐도 주께서 구원하지 아니하시나이다 합 1:2

내 하나님이여 내 하나님이여 어찌 나를 버리셨나이까 어찌 나를 멀리하여 돕지 아니하시오며 내 신음 소리를 듣지 아니하시나이까 내 하나님이여 내가 낮에도 부르짖고 밤에도 잠잠하지 아니하오나 응답하지 아니하시나이다 시 22:1,2

예수님도 십자가 위에서 "나의 하나님, 나의 하나님, 어찌하여 나를 버리셨나이까"(마 27:46)라고 말씀하시며 하나님의 침묵을 경험하셨다. 그리고 엘리야는 큰 승리 후에 깊은 절망에 빠져 동굴에 숨었을 때 하나님을 세미한 소리 가운데 만났다 (왕상 19:12).

기도가 막혔다고 기도를 포기할 필요는 없다. 다른 방식으로 하나님과 소통할 수 있다.

첫째, 침묵도 기도임을 인정하라

말이 없어도 하나님 앞에 앉아 있는 것 자체가 기도다. 사랑하는 사람과 함께 있을 때 꼭 말하지 않아도 소통이 되는 것처럼 말이다.

둘째, 솔직한 마음을 표현하라

"하나님, 기도가 안 돼요", "무슨 말을 해야 할지 모르겠어요", "지금 화가 나요", "실망스러워요", "아무 감정이 안 들어요". 이런 솔직한 고백도 충분히 기도다.

셋째, 몸으로 드리는 기도를 해보라

걸으면서 하나님을 생각하는 걷기 기도, 숨을 들이쉬며 "예수님", 내쉬며 "도와주세요"라고 하는 호흡기도, 무릎 꿇기나 손들기, 엎드리기 같은 자세 기도, 하나님이 창조하신 만물을 바라보고 경배하면서 하나님을 만나보라.

넷째, 다른 사람의 기도를 빌려보라

시편 기자의 기도를 내 기도로 삼아 읽거나 찬송가 가사로 기도하거나 다니엘이나 한나, 바울의 기도를 묵상해 보는 것도 좋다.

민희는 "기도가 안 될 때는 그냥 찬송가를 불러요. 〈내 주를 가까이하게 함은〉, 〈나 같은 죄인 살리신〉의 가사가 제 마음을 대신 표현해 주더라고요"라고 말했다.

기도가 막히는 경험은 실제로는 신앙 성장의 기회가 될 수 있다. 먼저 하나님을 향한 더 깊은 신뢰를 배운다. 말을 많이 하지 않아도 하나님을 신뢰하는 법을 배우고, 감정이나 느낌만을 의존하지 않는 깊은 믿음을 기를 수 있다.

또한 겸손을 배운다. 기도조차 우리의 능력이 아니라 하나님의 은혜라는 걸 깨닫기 때문이다. 하나님의 주권을 인정하게 된다. 우리가 기도의 주도권을 쥐는 게 아니라 하나님이 주도하신다는 걸 배운다.

마지막으로 즉각적인 답변이나 감정적 만족을 기대하지 않고 기다리는 법을 배운다. 또 한 가지 방식의 기도에 얽매이지 않고 다양한 기도를 경험하게 된다.

기독교 영성가 리처드 포스터는 기도와 영성의 여정 속에서 누구나 '영적 사막'을 경험할 수 있다고 말한다. 그는 기도가 막히고 하나님이 멀리 계신 듯 느껴지는 시기를 단순한 실패나 불신앙이 아니라, 하나님께서 더 깊은 친밀함으로 이끄시는 과정이라고 설명한다.

이 시기는 메마름 속에서 내적 성찰과 정화를 겪으며, 결국 하나님을 향한 더 순수한 갈망을 배우게 되는 영적 훈련의 시간이라는 것이다.

사막의 특징은 메마르고 적막한 느낌, 길을 잃은 것 같은 혼란, 하나님이 멀리 계신 것 같은 거리감, 예전 방식이 통하지 않고, 출구가 보이지 않는 답답함이다.

사막을 지나려고 서두르지 말라. 사막에는 사막의 시간이 있다. 물을 찾아라. 작은 은혜와 위로를 놓치지 말라. 혼자 견디려 하지 말고 도움을 받아라. 어둠 속에서도 하나님의 인도하심을 찾아라. 과거에 받은 은혜의 경험을 회상해 보라.

사막의 시기가 지나면 다시 기도가 잘 되는 시기가 온다. 회복의 신호는 작은 것에도 감사하는 마음이 생기고, 하나님의 사랑이 다시 느껴지며, 기도하고 싶은 마음이 조금씩 일어난다. 성경 말씀이 살아 있게 느껴지며, 다른 사람을 위해 기도하고 싶어진다.

새로운 기도는 이전보다 더 깊고 진실하다. 말보다는 마음의 교감이 중심이 되고, 감정에 덜 의존하는 안정된 기도를 하게 된다. 더 포용적이고 겸손하며, 하나님의 뜻에 민감한 기도를 할 수 있다.

회복 후 주의할 점은 이전 방식으로 돌아가려 하지 말고, 배운 것을 잊지 말며, 다른 사람의 침묵기를 이해해 주고, 감사하는 마음을 유지하는 것이다.

오늘의 마음연습 기도 상태를 점검해 보자.

- 최근에 기도가 막힌 경험이 있는가?(언제, 어떤 상황에서)
- 그때 주로 느낀 감정은 무엇인가?(죄책감, 불안, 실망 등)
- 내게 기도란 어떤 것인가? 기도가 막힐 때 시도해 볼 방법은 무엇일까?
- 지금 하나님께 솔직하게 말하고 싶은 건 무엇인가?

> **실전 연습** 하루 10분씩 침묵 기도를 시도해 보자. 말하려고 애쓰지 말고 하나님 앞에 조용히 앉아 있어 보라. 침묵도 기도임을 경험해 보라.

◆ 오늘의 기도 ◆

주님, 기도가 막힐 때 무슨 말을 해야 할지 모르겠고, 아무 감정도 올라오지 않으며, 주님이 계신지도 확실하지 않을 때가 있어요. 제 믿음이 부족한 것 같아 자책했고, 억지로라도 기도하려고 애썼지만 더욱 공허하게 느껴졌어요.

침묵도, 탄식도 기도이며, "기도가 안 돼요"라는 고백도 기도임을 깨닫게 하소서. 성령님께서 말할 수 없는 탄식으로 절 위해 간구하고 계심을 믿어요. 완벽한 기도를 해야 한다는 부담에서 자유하게 하시고, 기교나 언변이 아닌 진실한 마음으로 주님께 나아가도록 도와주세요.

이 시간을 통해 주님을 더 깊이 만나게 하시고, 다양한 형태의 기도를 통해 주님과 소통할 수 있게 하소서. 예수님의 이름으로 기도드립니다. 아멘.

하나님 앞에서 정직해지기
: 믿음의 계절

마음이 말하는 것

"나는 하나님께 거짓말하고 있는 것 같아요. 기도할 때는 '감사해요', '주님을 사랑해요'라고 말하는데, 정작 마음은 그렇지 않을 때가 많아요. 속으로는 원망스럽고 화도 나는데, 이런 마음을 가진 제가 신앙인이 맞나요?"

나도 오랫동안 하나님 앞에서 '좋은 모습'만 보이려고 애써 왔다. 크리스천이라면 항상 믿음이 좋아야 하고, 늘 감사해야 하며, 의심하거나 원망하면 안 된다고 생각했다.

그래서 힘들어도 "하나님께 감사해요"라고 말했고, 화가 나도 "하나님의 뜻을 따르겠어요. 항상 기뻐하라 하셨으니 기뻐합니다!"라고 감정을 누르며 기도했다. 하지만 시간이 지날수록 기도는 점점 공허해졌고, 하나님과의 관계도 형식적으로 변해갔다. 그러던 어느 날, 정말 화나고 힘든 일이 생기자, 더 이상 예쁜 말로 포장할 수가 없었다. 내 삶이 무너져 처음으로 하나님 앞에서 펑펑 울며 솔직하게 말씀드렸다.

"하나님, 저, 정말 화가 나요. 이해할 수 없어요. 왜 이런 일이 일어난 건가요?"

놀랍게도 그 정직한 기도 이후로 하나님과의 관계가 오히려 더 가까워진 느낌이었다. 하나님은 우리의 완벽한 신앙고백보다 솔직한 마음을 원하신다. 정직함이야말로 진정한 믿음의 시작이다.

많은 신앙인이 하나님 앞에서도 가면을 쓰고 살아간다. 완벽한 신앙인의 가면을 쓰고 "나는 늘 감사해요", "하나님의 뜻이라면 뭐든 좋아요", "의심한 적 없어요", "항상 기쁘게 살아요"라고 말한다. 강한 믿음의 가면을 쓰고 "시험이 와도 흔들리지 않아요", "기도하면 다 해결돼요", "믿음으로 이겨낼 수 있어요", "하나님이 계시니까 두렵지 않아요"라고 한다.

헌신적인 일꾼 가면을 쓰고 "주님을 위해서라면 뭐든 할 수 있어요", "피곤하지 않아요", "더 섬기고 싶어요", "개인 시간은 필요 없어요"라고 말하기도 한다. 영적인 사람 가면을 쓰고 "세상에는 관심 없어요", "물질보다 영적인 것이 중요해요", "고난도 감사해요", "모든 게 은혜예요"라고 표현하기도 한다.

이런 가면들을 쓰고 대하면 진짜 내 마음을 잃고, 하나님과의 관계가 형식적이 되며, 다른 사람들과도 진실한 관계를 맺기 어렵다. 내면의 갈등과 스트레스가 심해지고, 진정한 성장도 멈춘다.

성경은 하나님 앞에서 정직했던 사람들의 이야기로 가득하다. 욥은 "나는 결코 너희를 옳다 하지 아니하겠고 내가 죽기 전에는 나의 온전함을 버리지 아니할 것이라"(욥 27:5)라고 하면서 동시에 "내가 난 날이 멸망하였더라면… 어찌하여 내가 태에서 죽어 나오지 아니하였던가"(욥 3:3, 11)라고 고백했다. 하나님을 신뢰한다고 하면서도 자신의 절망과 고통을 솔직하게 표현한 것이다.

다윗도 "내 하나님이여 내가 낮에도 부르짖고 밤에도 잠잠하지 아니하오나 응답하지 아니하시나이다"(시 22:2), "여호와여 어느 때까지니이까 나를 영원히 잊으시나이까"(시 13:1)라고 외쳤다. 하나님을 사랑한다고 하면서도 불평과 원망을 그대로 토로했다.

하박국은 "여호와여 내가 부르짖어도 주께서 듣지 아니하시니 어느 때까지리이까"(합 1:2)라고 하나님께 직접 "왜?"라고 질문했다.

예레미야도 "여호와여 주께서 나를 권유하시므로 내가 그 권유를 받았사오며… 내가 다시는 여호와를 선포하지 아니하며 그의 이름으로 말하지 아니하리라 하면"(렘 20:7, 9)이라고, 부르심에 대한 부담과 갈등을 솔직하게 드러냈다.

이들은 하나님을 믿으면서도 자신의 진실한 감정을 숨기지 않았다. 그리고 하나님은 이들의 정직함을 받아주셨다.

정직함 vs 불신앙

많은 사람이 솔직한 감정 표현을 불신앙으로 오해한다. 그러나 이는 불신앙이 아닌 정직한 마음이다.

"하나님, 이해할 수 없어요"는 이해하고 싶은 마음의 표현이고, "하나님, 화가 나요"는 관계에서 느끼는 진실한 감정이다. "하나님, 실망스러워요"는 더 큰 기대가 있었다는 의미이고, "하나님, 두려워요"는 도움을 구하는 정직한 고백이며, "하나님, 의심이 들어요"는 더 확실한 믿음을 원한다는 표현이다.

진짜 불신앙은 하나님의 존재 자체를 부인하거나 관계 자체를 아예 거부하거나 고의로 하나님을 거역하고 그분께 나아가기를 포기하는 것이다.

정직함이 믿음인 이유는 여러 가지가 있다. 첫째는 관계에 대한 진정한 신뢰가 있어서다. 관계가 없으면 화낼 이유도 없다. 둘째는 솔직한 기대의 표현이다. 실망은 기대가 있었다는 증거다. 셋째는 상대에 대한 소통 의지를 보여준다. 대화하고 싶다는 표현이다. 넷째는 더 깊은 믿음으로 나아가는 성장의 과정이다.

아이가 부모에게 화를 낸다고 해서 가족관계가 끝나는 게 아니듯, 우리가 하나님께 솔직한 마음을 표현한다고 해서 믿음이 없어지는 게 아니다.

하나님 앞에서 정직해질 때 놀라운 자유를 경험한다. 내가 쓰고 있던 무거운 가면에서 해방되어 더 이상 완벽한 신앙인 행세를 하지 않아도 된다. 하나님과 진실한 관계를 맺을 수 있고, 사람들과도 더 깊은 관계로 나아갈 수 있다. 자신을 속이지 않으니 내적 갈등도 줄어든다.

정직함은 은혜의 통로가 된다. 불완전한 모습 그대로 사랑받는 경험을 하게 되고, 자신의 약함을 인정하면 다른 사람의 약함도 더 이해할 수 있다.

믿음의 계절과 색깔

믿음에도 계절이 있다. 늘 같은 상태일 수는 없다.

믿음의 봄은 새로운 은혜와 감동이 있고, 기도와 말씀이 살아 있으며, 섬김과 헌신의 열정이 있는 시기다. 하나님의 사랑을 실감하고, 영적 성장의 기쁨이 있다.

믿음의 여름은 안정적이고 성숙하며, 꾸준한 신앙생활을 하는 시기다. 다른 사람들을 도울 여유가 생기고, 시험이 와도 흔들리지 않는 믿음으로 열매를 맺는다.

믿음의 가을은 지금까지의 신앙을 돌아보는 시기다. 감사와 성찰이 깊어지고, 더 깊은 영성을 구하며, 검증된 믿음의 확신이 생긴다. 지혜와 분별력도 자란다.

믿음의 겨울은 영적 건조함과 침묵의 시기로 하나님이 멀게 느껴진다. 의심과 회의가 들기도 하고, 시험과 고난도 겪지만, 내적 정화와 다음 계절을 위한 준비의 시간이기도 하다.

계절마다 다른 은혜와 도전이 있다. 겨울이라고 해서 나쁜 게 아니다. 다음 봄을 위한 준비의 과정이기 때문이다.

우리는 종종 믿음을 24시간 가동되어야 하는 기계처럼 생각한다. 하지만 믿음에도 다양한 색이 있다. 이는 완벽한 신앙인이 되려는 강박에서 벗어나, 의심이나 질문을 허용하며, 감정을 솔직하게 표현하고, 때로는 "모르겠다"라고 말할 수 있는 여지를 주는 것이다.

믿음의 다양한 색이 필요한 이유는, 진정한 성장을 위해 성찰의 시간이 필요하고, 강요된 믿음보다 자발적 믿음이 더 견고하기 때문이다. 의심을 통과해야 더 확실한 믿음에 도달하고, 인간적 한계를 인정해야 하나님의 은혜를 더 깊이 체험할 수 있다.

다른 믿음의 색을 받아들이지 못하게 방해하는 것은 '항상 잘 믿어야 한다'라는 종교적 압박, '의심하면 안 된다'라는 죄책감, 다른 사람들의 시선에 대한 부담, 완벽한 신앙인이어야 한다는 강박이다.

미진은 "교회에서 간증할 때 항상 '감사하다', '은혜롭다'라고만 말했는데, 어느 날 정말 힘든 시기였을 때 솔직하게 '지금 힘들다'라고 나눴어요. 그랬더니 오히려 많은 분이 위로해 주시고 함께 기도해 주시더라고요"라고 경험을 나누었다.

완벽하지 않은 믿음에도 아름다움이 있다. 순간순간 하나님에 대한 의심이 들어도 "나의 주님, 나의 하나님"이라고 고백할 수 있는 믿음, 두렵지만 "그런데도" 하나님을 따라가는 믿음, "왜?"라고 물으면서도 하나님과의 관계를 포기하지 않는 믿음이 있다. 실망하고 상처받았지만, 다시 하나님께 나아오는 믿음, 지치고 힘들어도 하나님의 품에서 쉬려는 믿음도 있다. 이런 믿음이 오히려 더 진실하고 아름다울 수 있다.

하나님 앞에서 정직해지는 연습

1단계: 진짜 감정 찾기
'지금 내가 정말 느끼는 감정은 뭘까? 포장하지 않은 날것의 진짜 내 마음은 무엇일까? 만약 아무도 듣지 않는다면 뭐라고 말하고 싶을까?'를 깊이 생각해 보자.

2단계: 솔직하게 기도해 보기
'하나님, 지금 제 감정은 이거예요. 이런 마음을 가진 제가 나쁜 건가요? 어떻게 해야 할지 모르겠어요'라고 말해보라.

3단계: 일기 써보기
편지 형식으로 하나님께 솔직한 마음을 쓰고, 감정을 그대로 표현하며, 질문이나 불평도 자유롭게 적어보자.

4단계: 신뢰할 만한 사람과 나눠보기
영적 지도자나 믿을 만한 친구와 솔직하게 대화하고, 완벽한 모습이 아닌 진짜 모습을 나누라. 판단 없이 들어줄 사람을 찾는 게 중요하다.

5단계: 천천히 기다리기

즉시 해답을 찾으려 하지 말고, 하나님의 응답을 기다리는 여유를 갖고 과정 자체를 신뢰해 보라.

우리가 정직하면, 하나님은 어떻게 반응하실까? 우리를 깊이 받아주신다. 꾸짖거나 거부하지 않으시고 우리의 한계와 연약함을 이해하신다. 어려운 시간에도 함께하시며, 혼자가 아님을 알게 해주신다. 상처받고 아픈 마음을 천천히 치유해 주시고, 성장하게 하신다. 의심과 질문을 통해 더 깊은 믿음으로 인도해 주신다.

> **오늘의 마음연습** 하나님 앞에서 정직함을 점검해 보자.
> - 하나님 앞에서 숨기고 있는 감정이나 생각은 무엇인가?
> - 신앙인으로서 '이런 마음을 가지면 안 될 것 같아서' 억누르는 게 있는가?
> - 지금 하나님께 솔직하게 말하고 싶은 건 무엇인가?
> - 완벽한 신앙인이어야 한다는 부담을 느낀 적이 있는가?

> **실전 연습** 하루 10분씩 하나님께 솔직한 기도를 해보자. 꾸미거나 포장하지 말고, 마음 그대로를 하나님께 말씀드려 보자.

◆ 오늘의 기도 ◆

주님 앞에서도 가면을 쓰고 살았음을 고백합니다. 항상 좋은 모습만 보여드리려 했고, 완벽한 신앙인처럼 보이려고 애썼습니다. 화나도 "감사해요"라고 했고, 실망해도 "주님의 뜻이군요"라고 말했어요. 하지만 그럴수록 주님과의 관계가 형식적으로 되고, 제 기도는 공허해졌습니다. 다윗도, 욥도, 하박국도 주님께 솔직한 마음을 토로했어요. 의심하고, 질문하고, 때로는 원망하면서도 주님과의 관계를 포기하지 않았어요.

저도 가면을 벗고 진짜 모습으로 주님 앞에 나아가고 싶어요. 제 연약함과 의심, 두려움과 분노까지 솔직히 말씀드리고 싶습니다.

완벽하지 않은 제 모습까지도 사랑하시는 주님의 은혜를 경험하게 하소서. 정직이야말로 진정한 믿음의 시작임을 깨닫고, 주님과 진실한 관계를 맺으며 살게 하소서. 예수님의 이름으로 기도드립니다. 아멘.

하나님의 눈으로 나 자신을 사랑하는 법

27일 동안의 여정에서 우리가 발견한 가장 중요한 내용을 정리해 보자.

1. 모든 감정은 의미가 있다

별거 아닌 감정은 없다. 작은 짜증부터 깊은 슬픔까지, 모든 감정은 우리에게 중요한 메시지를 전한다. 감정을 무시하거나 억누르지 말고, 그 목소리에 귀 기울이는 것이 지혜다.

2. 완벽하지 않아도 괜찮다

우리는 완벽할 필요가 없다. 실수해도, 부족해도, 때로는 넘어져도 괜찮다. 완벽주의를 내려놓고 '충분히 좋은' 것에 만족할 때 진정한 평안을 얻을 수 있다.

3. 경계는 사랑의 표현이다

"아니요"라고 말하는 건 이기적인 게 아니다. 건전한 경계를 세우는 건 자신과 타인 모두를 위한 사랑의 행동이다.

4. 관계에는 계절이 있다

모든 관계에는 가까워지는 시기와 멀어지는 시기가 있다. 자연스러운 현상으로 받아들이고, 상대의 불완전함도 포용할 때 더 깊은 관계를 맺을 수 있다.

5. 몸과 마음은 연결되어 있다

몸의 신호를 무시하지 말라. 두통, 불면, 소화불량 등이 단순한 신체 증상이 아니라 마음 상태의 반영일 수 있다.

6. 정직함이 진정한 믿음이다

하나님 앞에서도 가면을 쓸 필요가 없다. 의심하고, 질문하고, 때로는 화가 나더라도 솔직한 마음으로 그분께 나아가는 게 진정한 믿음이다.

7. 자기 돌봄은 필수다

자기 돌봄은 이기적인 게 아니다. 자신을 돌보지 않으면 다른 사람도 제대로 도울 수 없다.

27일 전의 당신과 지금의 당신은 분명히 달라졌을 것이다. 아직 큰 변화를 느끼지 못한다고 해도 괜찮다. 마음의 변화는 때로 서서히, 조용히 일어난다. 씨앗이 땅속에서 싹을 틔우기까지 시간이 필요하듯, 우리 마음의 변화도 시간이 필요하다. 이미 당신 안에는 여러 변화가 일어나고 있다.

- 감정을 더 세심하게 관찰하게 되었다.
- 자기 비난이 조금씩 줄고 있다.
- 완벽하지 않은 자신을 받아들이기 시작했다.
- 다른 사람의 부탁을 거절하는 용기가 생겼다.
- 자신의 필요와 한계를 인정하게 되었다.
- 하나님과 더 솔직한 관계를 맺기 시작했다.

설령 아직 모든 것을 완벽하게 적용하지 않았다고 해도 괜찮다. 중요한 것은 여정을 시작했다는 것, 그리고 계속 걸어가겠다는 의지다.

지나온 날들이 얼마나 힘들었는지, 얼마나 외로웠는지, 얼마나 절망적이었는지, 그 모든 고통을 견뎌온 자신을 꼭 안아주어라.

"정말 수고했어. 잘 견뎌줘서 고마워."

완벽하지 못했던 순간, 화를 냈던 때, 실망하게 했던 일, 그 모든 실수까지도 안아주어라.

"실수해도 괜찮아. 그것도 네가 인간이라는 증거야."

아무도 몰라줬던 노력, 혼자서 애썼던 시간, 포기하지 않으려고 버텼던 순간, 그 모든 노력을 인정해주어라.

"정말 열심히 했구나. 그 마음이 아름다워."

조금씩 달라진 모습, 예전보다 지혜로워진 부분, 더 자비로워진 마음, 그 모든 성장을 축하해주어라.

"많이 성장했네. 정말 자랑스러워."

27일의 마음연습은 끝났지만, 진짜 여정은 이제 시작이다.

1. 완벽을 추구하지 말라

배운 것을 모두 완벽하게 적용하려고 하지 말라. 천천히, 하나씩, 자신의 속도에 맞춰 적용하면 된다.

2. 반복해서 돌아보라

27일간의 내용을 필요할 때마다 다시 읽어보라. 각 상황에 맞는 날을 찾아서 반복하면 된다.

3. 다른 사람과 나누라

혼자만 간직하지 말고 믿을 만한 사람들과 나누라. 함께 나누면 더 큰 힘이 된다.

4. 전문가의 도움을 받아라

필요하면 전문 상담사나 목회자의 도움을 받는 것도 지혜다. 혼자 모든 것을 해결하려 하지 말라.

5. 자기 긍휼을 실천하라

실패하거나 다시 옛날 패턴으로 돌아가더라도 자책하지 말고, '아, 또 그랬구나. 다시 시작하면 돼'라고 자신에게 말하라. 내가 나의 두 번째 부모가 되어주어라.

6. 하나님과 계속 깊은 관계를 맺어라

모든 치유와 성장의 근원은 하나님과의 관계에 있다. 더욱 솔직하고 깊은 관계를 이어가라.

마지막 마음연습 27일간의 여정을 돌아보고 자신을 격려하라.

- 27일 전의 나와 지금의 나, 어떤 변화가 있었는가?
- 가장 기억에 남는 날은? 가장 도움이 된 내용은 무엇인가?
- 아직 완전히 적용하지 못했지만 계속 연습하고 싶은 부분은 무엇인가?
- 앞으로도 계속 기억하고 싶은 핵심 메시지는 무엇인가?
- 그동안 애써온 자신에게 해주고 싶은 말은 무엇인가?

> **마지막 실전 연습** 거울 앞에 서서 자신에게 말해보자.
> "수고했어. 정말 잘했어. 앞으로도 잘할 거야. 나는 사랑받을 만한 사람이야. 하나님이 그렇게 말씀하셔!"

◆ 마지막 감사 기도 ◆

주님, 27일간의 마음연습 여정을 무사히 마칠 수 있게 하셔서 감사해요. 이 시간을 통해 저 자신을 더 깊이 이해하게 되었고, 주님의 사랑도 깊이 경험할 수 있었어요. 감정에 이름 붙이는 것부터 시작해서 자기 비난을 멈추고, 건전한 경계를 세우며, 주님 앞에서 정직해지기까지 하나하나가 모두 소중한 배움이었습니다.

완벽하지 않은 제 모습까지도 사랑해 주시는 주님의 은혜에 감사합니다. 앞으로도 이것을 삶 속에서 실천하며 더욱 자유롭고 평안하게 살겠습니다. 예수님의 이름으로 기도드립니다. 아멘.

오늘도 마음연습

초판 1쇄 발행	2025년 12월 10일
지은이	정진
펴낸이	여진구
책임편집	김아진 배예담
편집	이영주 진효지 최현수 구주은 안수경 김도연
책임디자인	노지현 마영애 ㅣ 정은혜 조은혜
마케팅	김상순 강성민
제작	조영석 허병용
마케팅지원	최영배 정나영
경영지원	김혜경 김경희 김영하

303비전성경암송학교 유니게 과정
이슬비전도학교 / 303비전성경암송학교 / 303비전꿈나무장학회

펴낸곳　　규장

주소 06770 서울시 서초구 매헌로 16길 20(양재2동) 규장선교센터
전화 02)578-0003　　팩스 02)578-7332
이메일 kyujang0691@gmail.com　　홈페이지 www.kyujang.com
페이스북 facebook.com/kyujangbook　　인스타그램 instagram.com/kyujang_com
카카오스토리 story.kakao.com/kyujangbook
등록일 1978.8.14. 제1-22

ⓒ 저자와의 협약 아래 인지는 생략되었습니다.
이 출판물은 저작권법에 의해 보호를 받는 저작물이므로 무단 전재와 무단 복제를 할 수 없습니다.

책값 뒤표지에 있습니다.
ISBN 979-11-6504-675-0 03230

규 | 장 | 수 | 칙

1. 기도로 기획하고 기도로 제작한다.
2. 오직 그리스도의 성품을 사모하는 독자가 원하고 필요로 하는 책만을 출판한다.
3. 한 활자 한 문장에 온 정성을 쏟는다.
4. 성실과 정확을 생명으로 삼고 일한다.
5. 긍정적이며 적극적인 신앙과 신행일치에의 안내자의 사명을 다한다.
6. 충고와 조언을 항상 감사로 경청한다.
7. 지상목표는 문서선교에 있다.

하나님을 사랑하는 자 곧 그의 뜻대로 부르심을 입은 자들에게는 모든 것이 合力하여 善을 이루느니라(롬 8:28)

 규장은 문서를 통해 복음전파와 신앙교육에 주력하는 국제적 출판사들의 협의체인 복음주의출판협회(E.C.P.A:Evangelical Christian Publishers Association)의 출판정신에 동참하는 회원(Associate Member)입니다.